LA CUISINE, UN MODE DE VIE

Autrefois pièce utilitaire qu'il convenait de cacher aux regards, séparée du reste de la maison, la cuisine ne se réduit plus aujourd'hui à la préparation des repas. Elle est devenue un lieu de rencontre chaleureux, où la vie de famille se déploie, où les amis viennent prendre un verre, où les enfants travaillent...
À la fois belle, confortable, décontractée, conviviale, saine et sécurisée, elle prend volontiers la place de la salle à manger, et côtoie sans complexe le salon.
Quelle que soit la surface dont on dispose, la cuisine se doit d'être fonctionnelle, robuste, facile à entretenir et bien organisée. Grâce à cet ouvrage, prenez le temps d'explorer différentes pistes d'aménagement et imaginez un espace original, agréable et parfaitement adapté à vos besoins. Un exercice de style qui va mettre à contribution votre sens pratique et votre créativité...

BIEN PENSER SA CUISINE

Établir un projet

La phase de conception de votre cuisine est essentielle ; elle demande du temps et de la réflexion. Il est nécessaire de passer en revue toutes les possibilités, afin d'éviter les erreurs et ne pas gaspiller d'argent. Si votre projet consiste en la modification d'une cuisine existante, faites une liste des avantages et des inconvénients de celle-ci. Ne cherchez pas à conserver à tout prix sa disposition à cause des fluides, essayez de trouver d'autres possibilités, puis pesez le pour et le contre. S'il s'agit d'une création, il semble plus facile de partir de zéro, mais les questions à se poser restent les mêmes.
Pour un résultat optimal, visitez un magasin d'exposition dédié à la cuisine, équipé d'un carnet, d'un crayon et d'un bon mètre (pour relever les hauteurs de plan), et d'un appareil numérique si on vous y autorise. Posez des questions, rassemblez de la documentation et épluchez-la à tête reposée. Faites-vous une vraie revue de presse, à travers livres et magazines, pour relever les ambiances que vous aimez, celles qui correspondent le mieux à votre style.

Largement ouverte sur le coin repas, la cuisine est séparée du séjour par deux colonnes fermées d'un côté, intégrant des éléments de l'autre. Elles délimitent l'espace tout en permettant la communication.

Qu'attendez-vous de votre cuisine ?

Commencez par définir les fonctions de votre cuisine, en observant votre mode de vie :

- Quels sont la fréquence et le temps d'utilisation de la cuisine ?
- Quelles sont vos habitudes culinaires, quels types de repas préparez-vous ?
- Quelles activités s'y déroulent ?
- Qui en sont les utilisateurs, quel est leur âge ?
- Y a-t-il la possibilité d'intégrer un espace repas ?
- Y recevez-vous vos amis ? En grand nombre ou en petit comité ?

Définissez ensuite précisément les besoins et les attentes qui en découlent :

- Quelles sont les priorités ?
- Quels sont les appareils ménagers indispensables ? Avez-vous besoin d'un grand réfrigérateur, d'un congélateur...?
- Quel est le volume de rangement nécessaire ?
- Quels sont les matériaux, les couleurs, le style qui vous plaisent ?

Votre cahier des charges

Chacun a bien sûr un budget à ne pas dépasser. Pour tous les postes, il est indispensable de faire des devis afin d'établir un budget prévisionnel. Dressez-en la liste exhaustive.

Les installations et les équipements

Les gros travaux : si les travaux touchent la structure, c'est a priori l'affaire d'un professionnel. Demandez deux ou trois devis très détaillés sur les prestations et les matériaux employés.

La plomberie et l'électricité : ce sont des postes à mettre au point en priorité. À moins de bien s'y connaître, c'est également un travail de professionnel, toujours avec devis à l'appui.

L'éclairage : établissez la liste des lampes, spots ou rampes nécessaires, et notez leur prix en magasin.

Le revêtement de sol : comparez plusieurs produits avant de décider, surtout si vous assurez vous-même la pose.

L'évier et les robinets : ils seront très sollicités, ne lésinez donc pas sur la qualité.

Les appareils électroménagers : faut-il tout renouveler, ou certains sont-ils réutilisables ?

Perpendiculaire au plan de travail, la table a la même largeur que ce dernier ; elle le surplombe légèrement afin de ne pas empêcher l'accès aux placards du bas.

Couleurs, matériaux, hauteur des éléments... cette cuisine joue sur les contrastes.

Les meubles

Il existe aujourd'hui des solutions adaptées pour tous les budgets.

Les meubles prêts à poser : ce sont des éléments indépendants, parfois équipés de roulettes.

La cuisine en kit : l'offre présente une grande diversité de styles, de textures et de couleurs.

La cuisine à faire monter : elle est un peu plus chère, mais installée plus vite par des professionnels du jeu de construction.

La cuisine de cuisiniste ou d'architecte : elle est d'un bon rapport qualité/prix. Établi par des professionnels, le projet de votre cuisine vous sera d'abord soumis sur un plan en 3 D, ce qui permet de mieux le visualiser. C'est un type de cuisine rentable si on pense rester longtemps dans son habitation. En cas de location, une reprise du successeur n'est guère probable, mais en cas de vente, elle peut être un élément déclencheur si elle est en parfait état.

En cas de dépassement du budget prévu, demandez-vous sur quels postes il est possible de dépenser moins.

La bonne implantation

Pour trouver la meilleure implantation, prenez le temps de dessiner plusieurs projets, en pensant ergonomie. Prévoyez une circulation aisée entre les différents pôles et l'extérieur. Une cuisine bien conçue s'organise selon le principe du triangle d'activité évier, poste de cuisson, réfrigérateur. Il est important, pour limiter les allées et venues, de ne pas éloigner ces trois pôles de plus de 1,50 m. Le total des côtés du triangle ne doit pas, dans l'idéal, excéder 7 m, mais ce principe n'a rien de dogmatique. L'élément le moins contraignant est le réfrigérateur : avec son look ultramoderne ou rétro, souvent très coloré, il se déclare meuble à part entière et clame son indépendance en s'installant à quelque distance. Évitez dans la mesure du possible de placer l'évier et le poste de cuisson dans les angles. Pour ne pas multiplier tuyaux et évacuations, placez le lave-vaisselle – ainsi que le lave-linge, éventuellement – à proximité de l'évier.

Pôles d'activité bien positionnés, circulation aisée de l'un à l'autre, ustensiles rangés à proximité égalent vie facilitée, gain de temps et d'énergie.

Tenez compte de votre taille pour la hauteur des éléments, et surtout celle du plan de travail : testez, dans les magasins d'exposition, le niveau auquel vous vous sentez à l'aise. La hauteur standard est de 90 cm, mais les personnes plutôt grandes garderont le dos droit avec quelques centimètres de plus. On peut adjoindre aux éléments bas des pieds de différentes hauteurs, voire rehausser le sol sous les éléments. Vous pouvez aussi décider de créer plusieurs niveaux : le plan de travail peut ainsi être plus haut que le plan de cuisson, sur lequel il est préférable d'avoir une vue plongeante.
Faites le bilan des objets et accessoires dont vous avez besoin couramment et prévoyez de les ranger à proximité des différents pôles, à une hauteur qui évite d'avoir à se baisser ou à se hausser sur la pointe des pieds trop souvent.

Quelques questions à vous poser...

- Les portes sont-elles bien ou mal placées, et le sens de l'ouverture est-il pratique ?
- Quelles sont les sources de lumière naturelle ?
- Quelles sont les possibilités d'aération ?
- Les dimensions vous semblent insuffisantes : est-il possible d'agrandir la pièce en empiétant sur une pièce voisine, ou en construisant une extension sur l'extérieur ? N'oubliez pas qu'un permis de construire est obligatoire si la surface créée dépasse 20 m².

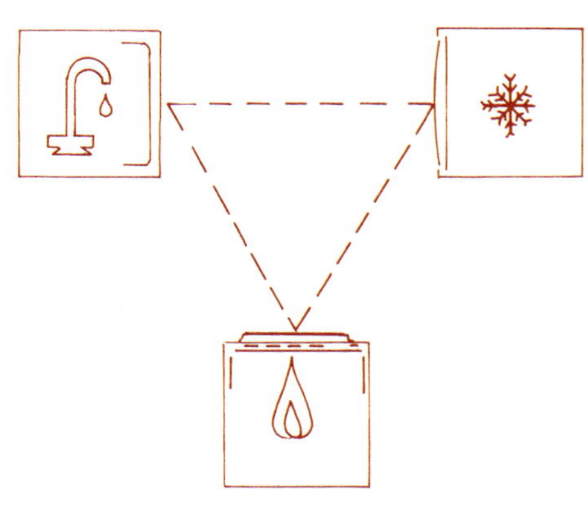

L'évier est peu éloigné du poste cuisson. Entre les deux, le plan de travail présente une surface suffisante pour les préparations.

Optimiser les mètres carrés

Plus que sa taille, c'est la configuration de votre future cuisine qui importe. C'est d'elle que va dépendre le bon fonctionnement des différents pôles d'activité : lavage des produits, préparation et cuisson des repas…

Recoin, angle aigu, fenêtre trop basse : aucun point n'est à négliger pour trouver une solution adaptée lorsque chaque centimètre carré compte.

Vous serez bien sûr tributaire de l'architecture existante : décrochement d'un mur, conduite d'évacuation de l'immeuble, mur porteur auquel on ne peut toucher, fenêtre mal placée… Chaque problème a sa solution, et en utilisant les particularités des volumes, les défauts peuvent devenir des atouts.

Première étape : la prise des cotes exactes, suivie d'un dessin au 1/20 (1 cm sur le papier = 20 cm dans la réalité). Commencez par mesurer tous les murs d'angle à angle, et vérifiez que les angles sont droits. Prenez les cotes à différentes hauteurs car les murs ne sont pas toujours droits ; tenez compte de la plus petite des mesures. Notez ensuite l'emplacement exact de la porte, de la fenêtre, ainsi que la distance de la base de celle-ci au sol et de son linteau jusqu'au plafond. Relevez aussi les mesures de tous les éléments saillants : chauffe-eau, radiateur, colonne, tuyaux, jusqu'au moindre décrochement. Notez également l'emplacement des arrivées d'eau et de gaz, des évacuations, des prises de courant et interrupteurs existants. Une fois ce travail accompli, découpez les gabarits représentant les différents éléments et cherchez toutes les solutions possibles.

► Dans cette cuisine, les meubles ont différentes profondeurs pour faciliter la circulation.

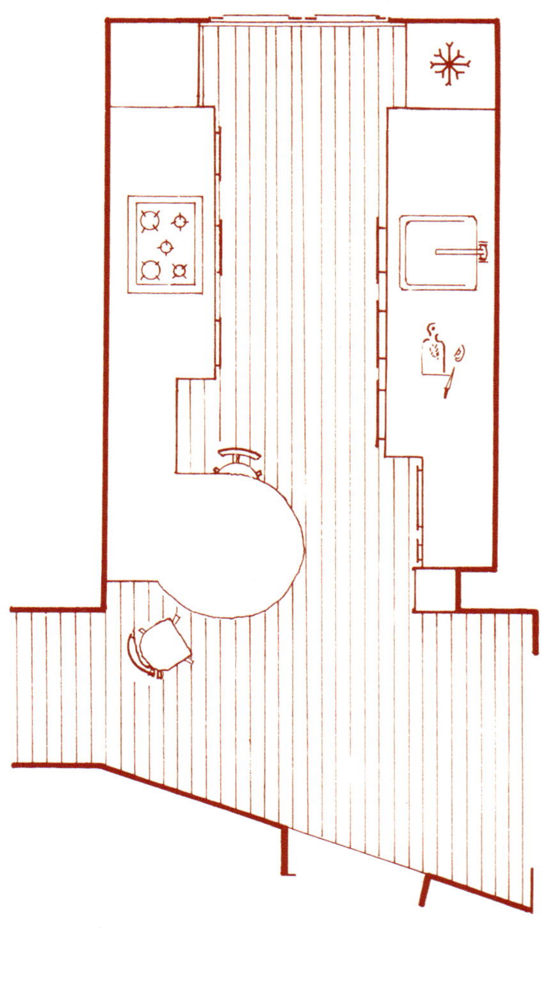

▼ Une place pour chaque chose, un renfoncement pour glisser la poubelle : tout est pensé en amont.

BANANIA
BANANIA

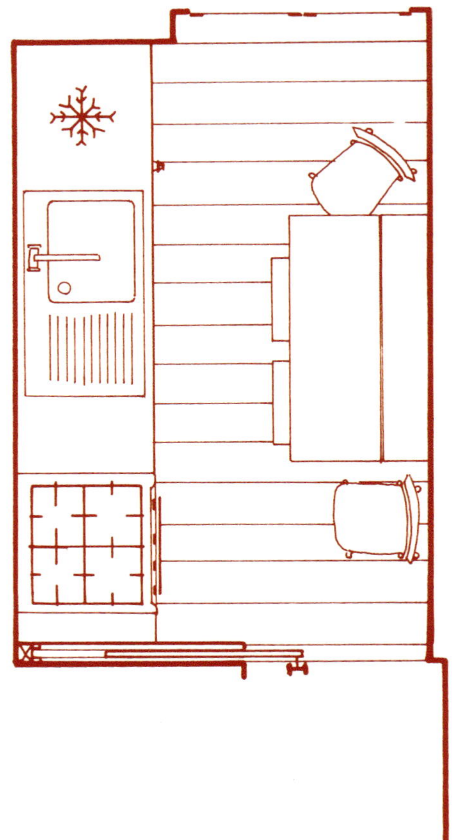

La cuisine linéaire à un comptoir

Ce plan convient à une cuisine fermée étroite, ou à une cuisine intégrée au séjour. Les postes d'activité étant tous sur le même mur, les trajets d'un poste à l'autre se font donc sur une seule ligne droite. Pour réduire les allées et venues, il est préférable de placer l'évier au centre, avec le poste de cuisson et le réfrigérateur de part et d'autre. Pour la préparation des repas, il est nécessaire de prévoir un plan de travail entre l'évier et les plaques de cuisson, et si possible un deuxième entre l'évier et le réfrigérateur.

Si la cuisine est fermée, il est souvent possible de placer une table contre le mur opposé ; si votre pièce est vraiment très étroite, fixez-y un plateau qui se rabat, afin que la circulation reste aisée en dehors du moment des repas.

Dans le cas d'une cuisine intégrée au séjour, la zone de circulation devant la partie cuisine peut être définie au sol par un revêtement différent de celui du reste de la pièce, et plus résistant à l'eau et aux taches.

La cuisine à deux comptoirs parallèles

Dans un espace tout en longueur mais relativement large, qui peut être ouvert aux deux extrémités, c'est une configuration efficace qui réduit le nombre de pas entre les trois postes de travail, disposés en triangle. L'espace compris entre les deux comptoirs doit être au moins de 1,20 m, pour que deux personnes puissent se croiser sans problème ; mais il ne doit pas être trop large non plus, pour ne pas étirer le triangle d'activités.

Pour un travail confortable et efficace, chaque plan doit bénéficier de son propre éclairage, placé sous le meuble supérieur ou, s'il n'y en a pas, issu d'appliques ou de suspensions basses.

On circule ici aisément de l'évier, à droite, aux plaques de cuisson, à gauche. Au fond de la pièce, le four principal, surplombé du micro-ondes, est placé un peu en hauteur de façon à moins se baisser. En dessous, un tiroir profond accueille faitouts et cocottes.

La cuisine en L

Cette configuration très pratique permet d'adjoindre à la cuisine un coin repas. C'est aussi la plus facile à mettre en œuvre, car il est bien rare qu'il n'y ait pas deux murs adjacents dans une cuisine. Si une fenêtre occupe l'un des murs, c'est ici qu'il faut placer l'évier – mais veillez à ce que le robinet ne gêne pas son ouverture. Si la longueur totale du L le permet, on essaie de placer une surface de préparation entre réfrigérateur et évier, et entre évier et plan de cuisson. Pour optimiser l'espace rangement, l'angle du L peut être équipé de paniers à tourniquet, intégrés au meuble du haut comme à celui du bas.

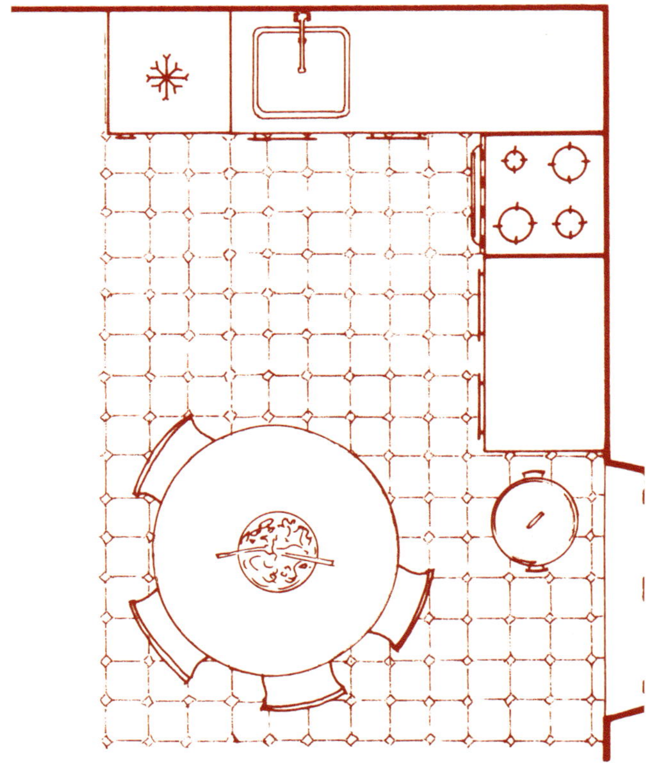

▼ Cet ancien séjour reconverti accueille une cuisine en L avec un réfrigérateur séparé et un coin repas spacieux.

▲ Ici, l'évier est à la base du U, le réfrigérateur à l'extrémité gauche et la cuisinière à l'extrémité droite.

La cuisine en U

Cette configuration s'implante aussi bien dans une petite cuisine que dans une grande, qu'elle soit fermée ou ouverte. L'évier se place à l'intérieur du U, si l'espace central est large de 2 m environ ; tout est à portée de main et les rangements sont nombreux.

Si la cuisine est ouverte, l'un des bras du U sépare celle-ci du coin repas. Il peut comporter des rangements côté préparation comme côté repas – pour les assiettes, par exemple. On peut lui intégrer l'évier ou le poste de cuisson, à condition de suspendre la hotte au-dessus. Il fait souvent office de bar, car il est au niveau du plan de travail, donc plus haut qu'une table normale. Le plateau doit alors déborder d'au moins 30 cm pour que l'on puisse glisser les genoux dessous. Au-dessus, on peut suspendre un rack à verres…

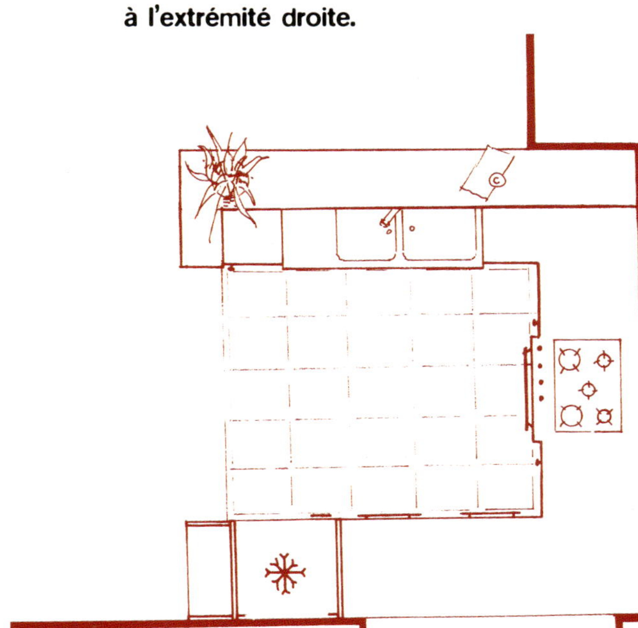

Toute la préparation se fait sur l'îlot, équipé d'un évier et de plaques de cuisson et recouvert d'une seule dalle de granit.

La cuisine avec îlot central

Cette disposition n'est envisageable que dans un grand espace : il s'agit d'une surface de préparation séparée, qui permet de cuisiner face aux convives. L'îlot central s'ajoute à un comptoir linéaire ou en L ; il peut aussi occuper le centre d'une large implantation en U. Dans une pièce comportant de multiples fenêtres basses, ou dans une véranda vitrée jusqu'au sol, l'îlot sera la cuisine à lui tout seul, intégrant évier, plaques de cuisson, four et rangements – que l'on pourra disposer tout autour si sa largeur représente la valeur de deux caissons de 60 cm de profondeur.

On peut lui adjoindre un coin repas, en faisant déborder son plateau d'un côté ou en lui adjoignant une extension, au même niveau ou plus bas.

L'évier et le poste de cuisson étant intégrés à l'îlot, il est indispensable de prévoir avec précision l'implantation des systèmes d'arrivée d'eau et d'évacuation des eaux usées, de même que l'alimentation en gaz et en électricité, car tout passe dans le sol. En outre, l'installation d'une hotte suspendue suppose une arrivée d'électricité au plafond, en plus de l'éclairage dont la hauteur doit être étudiée pour que le plan de travail soit illuminé de façon suffisante et agréable.

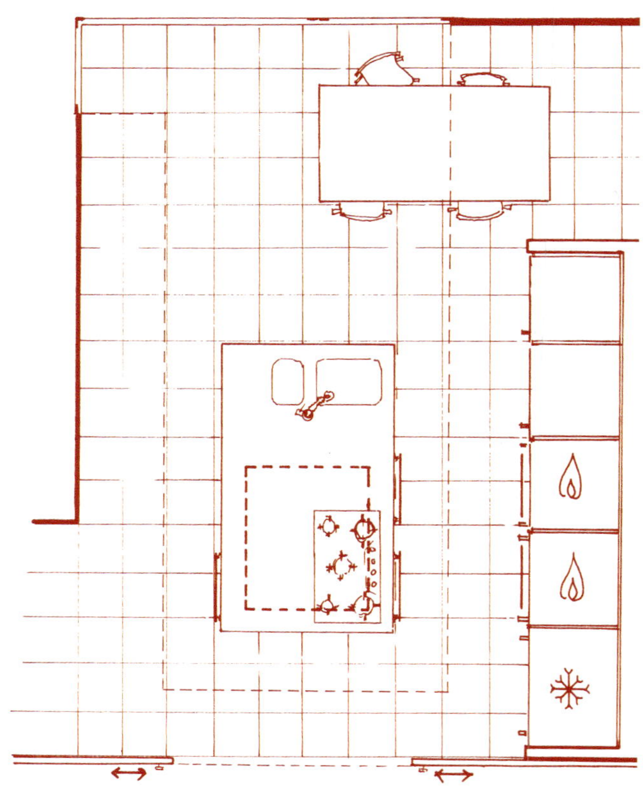

Cette cuisine ne présente que des surfaces lisses, les rangements se trouvant sur les faces latérales. Ouverte sur le séjour, elle peut être isolée complètement par des portes coulissantes.

LES TYPES DE CUISINES

Les petites cuisines

Si votre cuisine est grande comme un mouchoir de poche, il faut alors concevoir son aménagement avec une grande rigueur, de façon à optimiser tout l'espace disponible : une organisation dans les moindres détails, qui ne laisse rien au hasard et exclut tout superflu. Avec un peu de bon sens et quelques astuces, on peut tirer parti de cette exiguïté qui présente malgré tout un gros avantage : tout est à portée de main !

Quelques points de réflexion...

Même miniature, une cuisine équipée dont tous les appareils sont encastrés sous le plan de travail (lave-vaisselle de 40 cm de large) est la solution la plus fonctionnelle. Préférez des placards lisses, qui donnent un aspect plus net – ce qui n'exclut pas les étagères ouvertes et les barres permettant d'avoir les ustensiles à portée de main. Un système de rangements coulissants – tiroirs ou paniers de métal – permet d'accéder facilement au fond des placards bas, dont la profondeur habituelle est de 60 cm. Dans la mesure du possible, évitez de placer côte à côte le réfrigérateur et le poste de cuisson.

Adapter la porte

► Si nécessaire, une porte ouvrant sur l'intérieur peut être changée de côté pour s'ouvrir sur l'extérieur, remplacée par une porte coulissante ou simplement supprimée. L'ouverture, si le mur est une simple cloison, peut facilement être déplacée pour permettre l'implantation d'un plan de travail ou d'un meuble de 60 cm de profondeur.

Un plan de travail est toujours trop petit, mais il y a des solutions : une tablette coulissant sous le plan, une table d'appoint rabattable contre un mur ou sous la fenêtre. Cette cuisine étant réservée à la préparation des repas, n'y faites entrer que ce qui est vraiment nécessaire à votre façon de cuisiner.

Privilégiez les ustensiles qui prennent le moins de place : des casseroles au manche amovible et qui s'emboîtent, des plats qui passent du four à la table, des bocaux de section carrée qui se serrent les uns contre les autres sans laisser de vide entre eux...

Invisible une fois rentrée, la table escamotable sans pied est idéale pour les espaces exigus. Des chaises pliantes peu encombrantes en sont le complément indispensable.

▲ Quelques mètres carrés gagnés sur l'extérieur ont permis la création de cette petite cuisine fonctionnelle équipée d'un plan bar.

Solutions diverses pour petites cuisines

La cuisine est souvent installée près de l'entrée. Portes et cloisons ne sont pas toujours indispensables, et les faire disparaître facilite la circulation. On peut alors empiéter un peu sur l'espace d'une large entrée et gagner un petit coin repas. Dans un appartement ancien, il suffit aussi souvent de mordre sur l'entrée et le couloir pour installer une vraie cuisine linéaire et non une simple kitchenette ; à la place de la petite cuisine initiale, on peut créer une vraie salle de bains.
Autre alternative: la « cuisine-placard ». Des portes droites, coulissantes ou en accordéon, ferment un renfoncement où prennent place un évier et une plaque de cuisson, sur un petit réfrigérateur. Dans un studio, cette solution permet de séparer la cuisine du coin nuit.
Dernière solution: la cuisine sous l'escalier. Cet espace perdu de hauteur croissante se prête bien à l'installation d'une petite cuisine linéaire. En partie haute, des éléments fermés ou des étagères viennent compléter les rangements du bas.

Dans ce petit loft, pas d'espace perdu : évier et plaque de cuisson ont trouvé place sous l'escalier, dont la largeur a déterminé celle du plan de travail.

Les astuces déco

▶ La décoration est capitale pour donner une impression d'espace : optez pour des couleurs claires, qui font « reculer les murs », et choisissez des portes de placard sans moulures, surtout si elles ne mesurent que 30 ou 40 cm de large.

▶ L'éclairage joue lui aussi un rôle important. Plusieurs petits spots directionnels, encastrés dans le plafond ou montés sur rail, assurent une luminosité égale, alors qu'une suspension rabat la lumière et rétrécit la pièce. Ajoutez un éclairage d'appoint sous les meubles hauts, au-dessus du plan de travail.

La cuisine ouverte

La cuisine ouverte, dite « à l'américaine », s'est répandue aux États-Unis après la Première Guerre mondiale, mais n'a fait son apparition en France et en Europe qu'à partir des années 1950. Elle est alors le symbole d'un nouveau style de vie. La cuisine n'est plus destinée uniquement à la réalisation des repas. Espace de convivialité, elle accueille les amis, les jeux des enfants et leurs devoirs sous l'œil des parents. Inspirée d'un passé où la vie familiale se déroulait autour du foyer, cette conception avait disparu au profit de la séparation nette des pièces.

Ce type de cuisine convient aux grands espaces comme aux petits, qu'elle rend visuellement plus généreux. Elle conserve une certaine séparation sous forme de comptoir, d'îlot ou d'étroits pans de cloison…

La délimitation peut aussi être matérialisée par un bar, un muret, un changement dans la nature du sol, une autre couleur pour le mur, éventuellement une marche ou une hauteur différente sous un faux plafond qui permet d'encastrer un éclairage. Pour diverses raisons, on peut prévoir un système de panneaux coulissants afin de pouvoir l'isoler à certains moments.

Lorsqu'elle communique directement avec le séjour, la cuisine en est le prolongement visuel ; elle mérite donc autant d'attention côté déco.

Une cuisine ouverte suppose une certaine discipline : la confection du repas se faisant au vu de tout le monde, tout doit être nettoyé et rangé au fur à mesure, ou du moins dissimulé aux regards.Dans cette configuration, même s'il y a forcément des fenêtres situées non loin du coin cuisine, un système d'extraction de l'air est indispensable, avec une hotte de bonne qualité.

Différence de hauteur de sol, changement de matériau et de couleur distinguent la cuisine et son coin repas de l'espace séjour.

Abattue en partie haute, la cloison de séparation abrite un large comptoir, à la fois bar et volume de rangement côté cuisine, propice à la conversation entre les deux pièces.

La cuisine/salle à manger

Au début du XXe siècle, maisons et appartements étaient distribués en pièces bien séparées : chambres, salon, salle à manger, cuisine… Ces deux dernières étaient parfois assez loin l'une de l'autre. Depuis quelques années, ces deux espaces ont tendance à fusionner, notamment dans l'habitat ancien : la cuisine d'origine, souvent minuscule, est abandonnée pour un espace plus grand, à la fois cuisine et salle à manger, qui joue un rôle clef dans la vie familiale et amicale, empreinte de davantage de convivialité. Les maîtres de maison peuvent ainsi continuer de préparer le repas sans rien perdre des conversations.

Cette pièce peut être indépendante et complètement fermée, pour empêcher les odeurs de cuisine de se répandre dans toute la maison.

Dans les constructions neuves ou les lieux complètement réaménagés, l'espace cuisine-coin repas communique plus ou moins largement avec la partie séjour.

▲ Au quotidien, préparer et prendre les repas dans un même espace, c'est pratique et convivial.

◀ Lorsque la place le permet, disposer la table au centre de la pièce rend celle-ci plus chaleureuse. Mais attention à préserver l'accès aux différents meubles.

La cuisine intégrée au séjour

Dans les immeubles assez récents, les cuisines sont souvent accolées au séjour. En supprimant la cloison qui les sépare, les deux pièces sont gagnantes et leurs volumes additionnés semblent se multiplier. Pas de séparation, donc, mais on peut avoir un bandeau de sol différent devant le comptoir unique, ou en L, de la cuisine et un système d'éclairage au plafond adapté à cette partie plus technique. Pour une cuisine de ce type, il vaut mieux choisir une façade sobre et neutre, plutôt claire pour ne pas être écrasante, et peindre le mur auquel elle s'adosse dans la même couleur. Optez pour des poignées qui se fondent dans les meubles et une crédence qui s'intègre au décor pour donner l'impression qu'il s'agit d'un meuble de séjour. On préférera un électroménager invisible ; un rangement efficace s'impose, mais on peut se permettre de laisser dehors les appareils qu'on utilise tous les jours.

La cuisine d'origine étant étroite et peu commode, on a pris le parti de l'ouvrir totalement à la vie familiale.

MATÉRIAUX ET ÉQUIPEMENTS

Le sol, un choix primordial

La cuisine étant un lieu de passage intense, le sol reçoit inévitablement des projections d'eau et des taches de graisse : son revêtement doit donc être résistant et d'un entretien facile. Le sol concourt aussi à conférer son style à la cuisine. Neutre et sobre, il met en valeur les éléments de la pièce ; très coloré, il la dynamise.

Les matériaux classiques

Le carrelage, un peu délaissé au profit d'autres revêtements, offre pourtant un vaste choix : il imite le ciment, l'ardoise et même le parquet ! Contrairement à celles du carrelage mural, les couleurs du carrelage de sol sont souvent assez neutres ; carreaux de terre cuite et tomettes allient ainsi leurs tons ocre aux styles traditionnel et campagnard. En revanche, les carreaux de ciment, teintés dans la masse, proposent une gamme de couleurs et de motifs, anciens ou contemporains, très étendue.
La pierre, très solide, est cependant à protéger en raison de sa porosité. Certaines dalles de pierre reconstituée, moulées avec des irrégularités et des défauts, imitent la pierre ancienne à la perfection. Épaisses de 2,5 à 3 cm seulement, elles se posent sur un sol plan et stable.

Traversant la cuisine de la porte d'entrée à la porte-fenêtre, un chemin de carreaux à léger motif crée une diversion sur le grès cérame d'aspect béton.

Un sol mixte ?

► Le matériau choisi peut être différent dans la zone de préparation et dans le coin repas. La combinaison de plusieurs matériaux est en effet très agréable à l'œil. Si vous optez pour cette solution, pensez à tenir compte de l'épaisseur de chacun des éléments et prévoyez de combler la différence pour que le sol final soit plan.

Animation ludique et colorée, des carreaux de ciment de motifs différents forment un tapis incrusté dans un parquet cérusé.

Pour un sol à damier comme autrefois, les carreaux de ciment se prêtent à des combinaisons infinies.

Les matériaux industriels

Le béton ciré, naturel ou teinté, est l'affaire d'un professionnel du sol, pas d'un maçon. Faites appel à une société spécialisée dans ce type de revêtement, qui se pose sur une chape bien plane. Le prix sera sûrement plus élevé, mais le risque de fissures moindre.
Autre option : une simple dalle de béton rendue lisse par ragréage peut être colorée avec une peinture spéciale pour le sol.
La résine époxy, solide, pratique, se teinte à volonté et permet toutes sortes de décors ou d'inclusions.
Le métal s'associe parfaitement à la décoration de style industriel. L'acier et l'aluminium se posent en feuilles ou en dalles lisses ou, mieux, dans une cuisine, avec un relief antidérapant.

Au milieu du sol en béton lissé, facile à entretenir, une dalle de verre armé éclaire le sous-sol.

Le parquet a toujours beaucoup d'allure. S'il est ancien, vérifiez qu'il est en bon état, notamment à l'endroit où doivent être posés les éléments. S'il est abîmé en surface, il a simplement besoin d'un bon ponçage qui le remettra à nu. Si vous rêvez de couleur, peignez-le: les peintures pour sol n'offrent pas une gamme de tons très étendue, mais vous pouvez les mixer. Dans le domaine des parquets neufs, le choix est vaste : lame vitrifiée, planche juste rabotée à poser sur lambourdes, parquet flottant à poser sur l'ancien revêtement s'il est bien plan. La tendance actuelle privilégie les parquets à larges lames, de 13 à 18 cm, voire plus.
Le stratifié résiste aux chocs, aux rayures, aux taches et aux brûlures. Il imite le carrelage, la pierre et toutes les essences de parquet, avec leur texture… Il s'entretient avec une serpillière trempée dans de l'eau javellisée, mais ne le lavez pas à grande eau.

Le linoléum, une solution écologique

▶ Le linoléum, biodégradable, recyclable et bactéricide, le caoutchouc, les dalles PVC, le vinyle : tous ces matériaux hygiéniques, résistants et économiques offrent une multitude de possibilités.

▶ Légers, isolants thermiques et phoniques, traités antitaches et antibactériens, ils sont faciles à entretenir et à poser soi-même, même sur un sol inégal.

Crédence et plan de travail

Les plans prêts à poser ont une profondeur de 60 cm. Quand on ne manque pas d'espace, on peut aller jusqu'à 70, voire 75 cm : le confort d'utilisation est amélioré et les problèmes de passage de tuyauterie résolus.
Le plan de travail craint l'usure, les chocs, les casseroles brûlantes, les lames de couteau, les taches de gras... Choisissez un revêtement résistant et facile à nettoyer.
La crédence, sujette elle aussi aux éclaboussures, doit être imperméable. Elle peut être réalisée dans les mêmes matériaux que le plan de travail.

Le bois, indémodable

Le bois est toujours plébiscité : ce matériau naturel et hygiénique, chaleureux et durable, s'associe à tous les styles. Si le hêtre, essence très dure, supporte coups de hachoir et casseroles brûlantes, ce n'est pas le cas des autres bois.
Hêtre, érable blond et chêne sont les principaux arbres d'Europe utilisés, poncés et huilés ou vernis.
Teck, iroko ou wengé, en général lamellés-collés, doivent être traités et huilés. Vérifiez qu'ils portent le label FSC (Forest Stewardship Council) ou PEFC (Pan European Forest Certification), qui garantit le respect d'une charte de l'environnement.

Les chants de plan de travail présentent diverses finitions. Ici, le plan de bambou est simplement arrondi dans son épaisseur.

Le bambou

▶ Cette plante, utilisée de tout temps en Asie pour la construction et tous les objets du quotidien, entre en force dans nos maisons, sous forme de parquets aussi bien que de plans de travail.

▶ Le bambou a les mêmes caractéristiques que le bois ; protégé, il se révèle très robuste. Il se présente en lamellé-collé, avec des stries aux couleurs nuancées.

Le plan de travail en chêne lamellé-collé, traité avant la pose, demande juste un entretien régulier avec une huile pour bois pour le protéger.

Chaque style trouve le carrelage qui lui convient. Les carreaux émaillés, faciles d'entretien, se marient bien au style campagne.

Pierre et matières minérales

La pierre de taille reste un matériau cher (à partir de 1 000 euros le mètre carré !). Robuste et inusable, elle est utilisée en épaisseur et très lourde pour les plans de travail, plus mince en crédence. Pour pallier sa porosité, elle doit être traitée avec un enduit étanche. Elle s'entretient d'un coup d'éponge, en évitant les produits abrasifs.

La pierre reconstituée a l'aspect de la pierre naturelle, mais un prix de revient bien moindre.

Le marbre est idéal pour la pâtisserie, mais il se tache facilement et ne supporte pas les produits acides.

Le granit, très solide, est imperméable, ne se tache pas et supporte les casseroles chaudes. Extrêmement lisse, il est très agréable au toucher.

L'ardoise, gris anthracite ou noire, avec parfois des reflets bleutés ou des effets de rouille, peut être lisse ou irrégulière. Elle est très robuste quand elle est utilisée en plan épais, et de texture très douce. Traitée antitaches, elle se nettoie simplement à l'eau.

Le carrelage

Le carrelage est plus souvent utilisé en crédence que sur les plans de travail car les joints s'abîment vite. Choisissez de préférence des carreaux vitrifiés et un joint époxy. La gamme de couleurs est vaste et les dimensions des carreaux nombreuses. Avec de grands carreaux, on a évidemment moins de joints, et si le plan de travail est de largeur standard, on évite les découpes. Il suffit par exemple de deux pièces de 30 x 30 cm ou de trois pièces de 20 x 20 cm pour couvrir la profondeur d'un plan de travail. Dans certaines matières, comme le grès cérame, les dalles atteignent 60 cm ou plus de côté.

La mosaïque en plaques collées sur filet est facile à poser et permet d'habiller le moindre recoin. En pâte de verre, elle est d'un entretien facile ; en grès cérame, il suffit de lui appliquer un produit hydrofuge.

Le grès cérame prend tous les aspects : en version design, il se pose à joint invisible.

◄ Au-dessus du plan en béton, une très grande dalle de grès cérame en crédence.

▼ Détails astucieux : l'inclusion dans le plan de travail en béton d'une plaque de marbre pour la pâtisserie et d'une planche de bois.

Le béton, facile à vivre

L'esthétique du béton a parfaitement sa place dans la cuisine. Il est gris foncé ou très clair s'il est préparé avec du ciment blanc, mais peut aussi être coloré dans la masse avec des pigments naturels métalliques (titane, fer, cobalt…) aux nuances subtiles, ou des pigments synthétiques qui donnent des coloris plus forts. Pour des couleurs franches, le Ductal®, béton haute performance, est le plus indiqué, mais reste une affaire de professionnels.

Réaliser soi-même un plan de travail en béton est assez délicat, surtout si l'on veut que l'évier soit dans le même matériau. Son coulage sur place nécessite la réalisation d'un coffrage extrêmement précis car il se fait en une seule fois, pour éviter toute trace de reprise ou différence de couleur. La surface est lissée à la règle. Quand le béton est sec, on le polit à la ponceuse à marbre – peu pour conserver un aspect mat, en plusieurs passages pour obtenir une surface brillante.

Le plan de travail, qui reçoit gouttes d'eau et éclaboussures de gras, doit subir un traitement hydrofuge qui facilite son entretien.

Inox, zinc ou verre ?

L'inox, inaltérable, donne à la cuisine un côté très professionnel. Il se bonifie avec le temps, il est hygiénique et ne craint pas la chaleur. Il est résistant, mais sujet aux rayures. Les traces de doigt sont inévitables, mais il s'entretient simplement à l'eau savonneuse, et après rinçage à l'eau chaude, se polit au chiffon de coton. Il existe aussi des huiles de protection efficaces.
Le zinc pour toiture prend une jolie patine. Il s'utilise collé sur panneau de MDF (ou médium) hydrofuge, replié sur le chant ; les joints sont soudés. C'est un matériau idéal dans une cuisine d'esprit récup.
Le verre, d'esprit très moderne, est plus souvent utilisé en crédence qu'en plan de travail, mais le verre trempé est très résistant. Il se présente en larges plaques opaques, claires à fond coloré, sablées, ou bien en carrés et rectangles de petite taille, à poser comme un carrelage. Il se nettoie comme une vitre.

Les matériaux composites

Le Corian® est composé de minéraux et de résine acrylique. Il présente une surface non poreuse et des joints imperceptibles. Disponible en plus de cent nuances, il peut suivre toutes les formes.
Les minéralites (quartz et autres minéraux naturels et polymères acryliques, mixés et teintés dans la masse) : doux au toucher, imperméables, inusables, ils se polissent et s'assemblent de façon invisible, en intégrant un évier. Il s'agit d'un travail de professionnel sur mesure, au prix de revient élevé. En cas d'accident, la restauration ne laissera aucune trace.

▲ Une grande plaque de verre de couleur est posée au-dessus d'une crédence basse en pierre reconstituée.

◄ Autre matériau possible, le stratifié résiste à tout, même à une casserole chauffée à 180 °C.

Avec son petit côté bistrot,
le comptoir en zinc vieillit bien.
Sa matière patinée et ses arêtes
adoucies rendent son toucher agréable.

L'évier et la robinetterie

Élément indispensable, l'évier allie de plus en plus l'esthétique au fonctionnel. Choisissez sa taille en fonction de vos besoins : le moins encombrant possède une seule cuve, le plus vaste en a deux, avec un bac vide-sauce et un égouttoir. Si vous avez de l'espace et une famille nombreuse, n'hésitez pas à choisir un bac de dimensions et de profondeur généreuses, c'est beaucoup plus pratique pour nettoyer grands plats et plaques de four. Certains grands éviers à un seul bac contiennent une cuve plus petite et amovible permettant, pour laver les légumes ou une petite vaisselle, de dépenser moins d'eau. Dans une petite cuisine, l'évier peut être doté d'une planche à découper amovible. Parfois, l'angle de la cuisine est le meilleur endroit pour placer l'évier et certains modèles sont conçus pour ce cas de figure.

Un matériau, un style...

Les éviers en céramique ou en porcelaine existent en version à encastrer ou à poser, type timbre d'office. Attention : la vaisselle s'y casse facilement.
Les éviers en inox sont depuis quelques années largement plébiscités. Ce matériau robuste et hygiénique s'accorde à tous les décors. Sa surface est lisse et brillante, satinée, brossée ou présentant un léger relief.
Les éviers en résine de synthèse et matériaux composites, unis ou imitant la pierre, résistent aux chocs et aux fortes températures.
En Corian®, l'évier ne fait qu'un avec le plan de travail ; il est rainuré d'un côté pour servir d'égouttoir. Son coût reste toutefois assez élevé.

Un évier placé devant la fenêtre a une position idéale, mais le robinet ne doit pas en gêner l'ouverture. En bac simple ou double, l'inox aime tous les styles. Le petit plus : la manette pour vidage automatique.

Sur timbre d'office ou évier ultra-contemporain, le robinet, mural ou fixé sur plan, se fait rétro, design ou industriel.

Les robinets

▶ Ils seront très sollicités au quotidien : choisissez-les en laiton massif, avec une tête en céramique. La finition peut être en chrome brillant, mat ou brossé, à revêtement époxy noir ou en couleur.

▶ Les mélangeurs s'actionnent avec les deux manettes, eau chaude et eau froide. Le mitigeur, très pratique, ne comporte qu'une seule manette qui commande aussi le débit. Il existe aussi des robinets munis d'un capteur à infrarouge, qui s'ouvrent quand on passe les mains dessous.

▶ Un robinet à bec haut, rigide ou flexible et orientable, est plus pratique pour remplir ou laver les récipients hauts. Si vous préférez un robinet bas, choisissez-le équipé d'une douchette extractible.

L'électroménager

La technologie est de plus en plus performante, avec des appareils à haute efficacité énergétique qui réduisent la consommation d'énergie. Très sophistiqués, ils ne correspondent pas forcément à nos besoins réels. Ils doivent d'abord être pratiques et faciles à manipuler. Ils sont aujourd'hui conçus par des designers, et on les choisit aussi pour leur côté esthétique.

La cuisson

Pour le poste de cuisson, il faut tenir compte avant tout de sa façon de cuisiner. Le gaz a toujours ses inconditionnels pour sa finesse de réglage. Les plaques électriques sont d'un maniement plus aléatoire, car elles chauffent et se refroidissent lentement. Si vous ne parvenez pas à trancher entre gaz et électricité, les plaques mixtes sont faites pour vous.
Les plaques halogènes sont moins rapides que les plaques à induction, qui obéissent au doigt et à l'œil, comme le gaz. Toutes ont l'avantage de se nettoyer très facilement à l'éponge. Mais attention : vous allez peut-être devoir renouveler votre batterie de casseroles, poêles et cocottes, ce qui s'ajoute au budget !
Après des années d'oubli, la cuisinière (60 ou 90 cm de large, voire plus) revient en force. Elle allie très souvent des feux au gaz et un four électrique à chaleur tournante, qui rend la cuisson plus rapide.

Un air pur dans la cuisine

▶ La hotte est indispensable, surtout dans une cuisine ouverte. Pour plus d'efficacité, elle sera à extraction plutôt que filtrante.

▶ Quelques critères de choix : une puissance d'aspiration d'au moins dix fois le volume de la pièce, un niveau sonore de moins de 60 décibels, une largeur supérieure à celle du plan de cuisson.

▶ Placez-la à une distance de 65 cm pour une cuisson électrique, et à 70 ou 75 cm pour une cuisson au gaz.

Au-dessus d'une cuisinière très large, une hotte de restaurant ou une double hotte, comme ici, est conseillée.

Les fours

Réfléchissez à l'emplacement du four à encastrer : pour sortir un plat lourd, vous vous fatiguerez moins si vous le placez un peu en hauteur. Certaines marques fabriquent des fours dont la porte coulisse en plateau : un côté pratique qui a un prix… Dans tous les cas, mieux vaut investir dans la qualité d'un four autonettoyant avec une porte à double paroi qui reste froide, surtout si l'on a des enfants en bas âge.
Le four à micro-ondes est de plus en plus multifonctions : on s'en sert donc beaucoup. Évitez toutefois de le poser sur le plan de travail, ce qui diminue considérablement la surface de celui-ci. Il est relativement léger : si vous ne l'encastrez pas dans un placard, vous pouvez le placer sur une étagère.

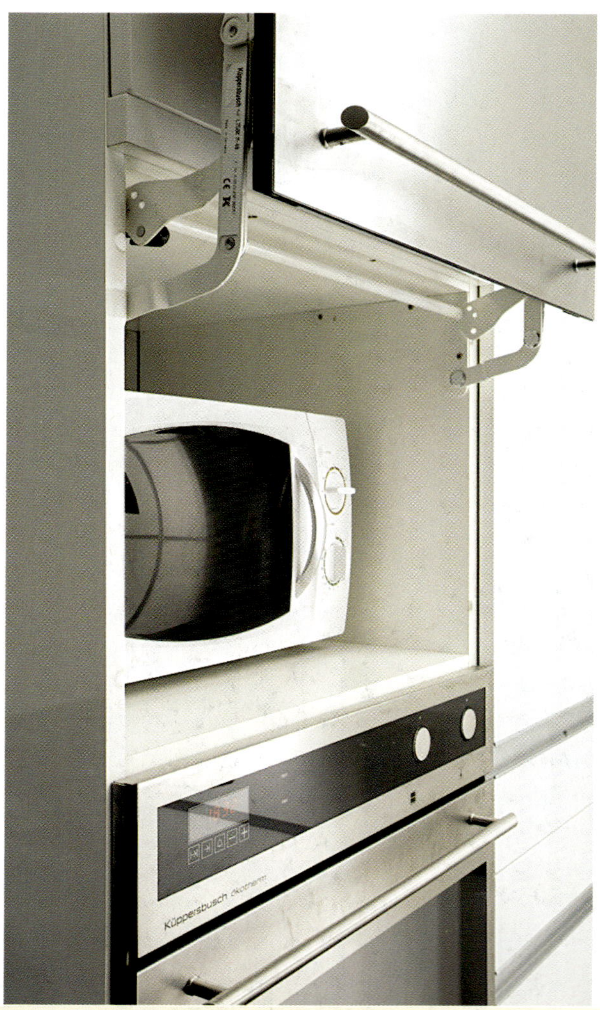

Le lavage

Le lave-vaisselle existe en deux largeurs (60 ou 40 cm). Choisissez sa capacité en fonction de l'espace et du nombre de personnes que compte la maisonnée. Si vous avez suffisamment de place, choisissez le plus large : le prix n'est guère plus élevé, et on peut le faire fonctionner en demi-charge. Autres critères de sélection : sa consommation d'énergie et son volume sonore.
Placez-le à mi-hauteur : il sera beaucoup moins fatigant pour le dos d'y mettre et d'en sortir la vaisselle. Côté esthétique, il peut être bien visible – blanc, en couleur ou carrossé d'inox – ou habillé d'une façade comme le reste des éléments et à commande bandeau, ou encore complètement intégré, à commande invisible.

Le froid

Le réfrigérateur peut être intégré dans les placards de la cuisine, ou au contraire considéré comme un meuble à part entière que l'on met en valeur dans le décor, comme les réfrigérateurs américains, dans le style des années 1950 ou en couleur.

Choisissez-le en fonction du nombre des personnes qui vivent à la maison : un célibataire pourra se contenter d'un réfrigérateur de 150 l, un couple de 200 l, une petite famille de 300 l, mais pour une famille nombreuse il faut prévoir 600 l ! Si vous avez de l'espace, pensez au gros réfrigérateur américain qui fabrique des glaçons et de la glace pilée : il fait le bonheur des amateurs de boissons très fraîches.

Ceux qui ne font les courses qu'une fois par semaine auront sans doute besoin de compartiments congélation assez vastes, voire d'un congélateur indépendant du réfrigérateur. Mais contrairement à ce dernier, un congélateur ne sera jamais un élément du décor d'une cuisine... S'il n'est pas possible de le placer dans un cellier, pensez aux modèles intégrables, qui disparaissent derrière une façade identique à celle des autres éléments de la cuisine.

Les petits appareils électriques

► Cafetière, grille-pain, bouilloire, mixeur, presse-agrumes... restent souvent sur le plan de travail car il est pratique de les avoir toujours à portée de main.

► On peut également les cacher à proximité, dans un renfoncement ou derrière un volet roulant.

► Les normes actuelles préconisent l'installation de quatre prises de courant au-dessus du plan de travail, pas trop près de l'évier.

DES CUISINES DE CARACTÈRE

Pour quel style opter ?

Tradition ou modernité ? Campagne ou design ? Style mixte, fait d'un mélange d'ancien et de contemporain, récup ? Aujourd'hui, il n'y a pas de diktat, chacun peut vraiment s'exprimer et choisir les associations qui lui plaisent.

Le rangement joue un rôle important et détermine trois catégories d'ambiance : la cuisine intégrée, où rien n'apparaît, ou seulement derrière des portes vitrées ; la cuisine déstructurée, disparate, bazar, où tout est à portée de main, plus modulable et personnelle, mais moins rationnelle qu'une cuisine intégrée ; la cuisine mixte, la plus courante, qui allie les deux aspects, avec des placards pour cacher l'essentiel et des étagères pour exposer certains ustensiles.

Soigner les détails

L'accessoirisation compte beaucoup. Deux cuisines possédant les mêmes façades peuvent avoir chacune son style, grâce notamment aux poignées : une poignée coquille donne un esprit rétro, une poignée linéaire en inox un esprit moderne. Le choix de la crédence et du type d'éclairage joue lui aussi un grand rôle.

L'intégration d'éléments récupérés – planches recyclées en portes de placard, timbre d'office, neuf ou ancien, en guise d'évier – donne un côté « bricolé » plein de charme. Le choix de l'électroménager – réfrigérateur à « l'ancienne » à angles arrondis, réfrigérateur américain, cuisinière traditionnelle – marque lui aussi le style de la pièce.

La couleur, enfin, a son importance. Si le blanc reste symbole de propreté, aujourd'hui la cuisine pièce à vivre s'affiche en couleurs fortes, toniques, sur les façades des éléments, le mur ou les accessoires. Expression de la personnalité, elle est souvent utilisée pour délimiter l'espace dans un lieu ouvert.

◄ Un placard ancien aux portes cirées, des tomettes au sol, quelques bocaux chinés… et le ton est donné.

De l'ancienne boucherie transformée en lieu d'habitation restent quelques éléments qui contribuent fortement à la personnalité de la cuisine.

Dans cette cuisine où trônent garde-manger, balance d'épicerie et autres accessoires d'antan, le style ne s'oppose pas à l'ouverture sur le séjour, de conception plus moderne.

Le style campagne

Moins sujette aux changements de mode, la cuisine traditionnelle semble aussi subir moins de contraintes d'ordre fonctionnel – on la trouve en général dans de grands espaces, à la campagne – et esthétique : elle joue la simplicité, avec des meubles robustes en bois ciré ou patiné, et ne s'encombre guère des accessoires de la cuisine moderne – ou alors bien cachés dans les placards.

Conserver ou redonner un air d'autrefois, c'est tout l'esprit campagne, qui véhicule sans nostalgie un passé simple aux matériaux écologiques.

Loin des cuisines intégrées, la cuisine traditionnelle n'est pas aménagée : quelques placards faits sur mesure par un menuisier de la région il y a des années, un vaisselier d'autrefois, une vieille cuisinière... La table centrale sert aux repas et à leur préparation. Les casseroles sont accrochées au mur, les bocaux de confiture maison trônent sur les étagères. Derrière l'évier en pierre et la cuisinière, quelques carreaux en vieux Delft ou en terre vernissée protègent le mur. Le sol, irrégulier, est couvert de tomettes ou en pierre du pays.
Les cuisines de ce type utilisent une gamme de couleurs naturelles : les murs sont sable, taupe, blanc bleuté près de la mer, ocre dans le Sud. Outre les peintures à l'ancienne prêtes à l'emploi, on trouve des pigments naturels pour colorer la chaux comme autrefois. Le bois est naturel et ciré, ou peint en couleurs patinées.
La cuisine traditionnelle peut toutefois s'ouvrir au contemporain, avec un fort contraste entre matériaux anciens et meubles ultramodernes – ou inversement.

Bahut sans portes, table, chaises et étagères ont été blanchis pour uniformiser leur apparence malgré leurs provenances diverses.

Chinez sans hésiter

▶ Pour reconstituer un décor authentique, il faut être chineur. Achetez neufs l'électroménager et les robinets, et chinez tout le reste en brocante : évier en pierre ou timbre d'office, vaisselier, table de ferme, bancs d'école, lampe monte-et-baisse, balance d'épicerie...

▶ Pour le sol, vous trouverez des terres cuites chez un récupérateur de matériaux anciens. La pierre reconstituée, imitant à s'y méprendre les dalles usées par le temps, est moins onéreuse.

L'esprit récup

À l'opposé de la cuisine aménagée, la cuisine récup' est le domaine du dépareillé. Trouvés à bon prix dans les dépôts-vente et les vide-greniers, ou même récupérés dans la rue le jour des encombrants, tables et buffets prennent une tout autre allure une fois repeints dans une couleur claire, vive, acidulée – ou pourquoi pas en noir. Vous pouvez y inscrire quelques mots, en lettres peintes au pochoir. N'hésitez pas à associer des chaises orphelines de différentes couleurs. Certains meubles méritent aussi de rester « dans leur jus », avec toutes les traces de leur vécu. Avec un budget un peu plus conséquent, chinez meubles de métier, vieux billots, portes de placard de bistrot, et dans un style plus industriel des lampes d'usine, des casiers en métal ou une table d'atelier en acier.

Rien ne se perd, tout se transforme... en collections, aussi utiles qu'agréables à l'œil.

Tout à portée de main

- La qualité première d'une cuisine est le côté pratique : tout doit être accessible.
- Cela n'exclut pas un certain esthétisme : présentés comme des collections, les beaux objets du quotidien s'affichent.
- Alignements de bocaux, ustensiles et casseroles suspendus, pots à épices, vaisselle rangée dans un râtelier au-dessus de l'évier, ou empilée sur des étagères, créent un décor chaleureux et convivial.
- On garde dans les placards fermés tout ce qui n'est pas esthétique, comme les produits et accessoires de nettoyage.
- Les légumes sont rangés dans des paniers en osier ou des cagettes peintes, et des pots de plantes aromatiques s'alignent devant la fenêtre.
- Des aimants retenant de petits mots pense-bête animent le réfrigérateur.

Le mur gratté a révélé la brique, qui donne tout son caractère à cette cuisine dont les portes de placard ont été recoupées dans une porte de garage.

Le style design

Synonyme de contemporain, le style design est très graphique et sans la moindre aspérité. Il est plutôt associé aux habitations modernes, mais on peut tout à fait l'implanter dans un environnement ancien : ce contraste le mettra d'autant plus en valeur. Ce style d'aménagement, où rien n'apparaît, convient particulièrement aux cuisines ouvertes.

Avec les éléments de cuisine vendus en kit, il est aujourd'hui possible de concevoir soi-même une cuisine de ce type. Il faut réfléchir à son organisation dans les moindres détails, comme un cuisiniste. Chez les professionnels réputés, la cuisine est ergonomique et des rangements astucieux sont pensés pour tous les appareils et accessoires : à proximité, placés à bonne hauteur entre le niveau des genoux et celui des yeux, les éléments qui servent très souvent ; de plus en plus éloignés, rangés tout en haut et tout en bas, tout ce qui est moins souvent utilisé.

On associe au style design l'utilisation de matériaux nouveaux, comme les composites – dont le Corian® –, ou améliorés – le stratifié –, mais aussi le verre et l'inox, brillant ou brossé. Les matériaux naturels lui conviennent très bien aussi : le plan de travail peut être en granit, en marbre, en lave émaillée... Le bois n'est pas exclu : exotique ou européen, il réchauffe cette cuisine laboratoire, hygiénique, où les poignées se font discrètes, linéaires, parfois même réduites à une prise invisible au bord de la porte ou du tiroir.

Toujours associé à la notion de propreté, le blanc reste emblématique du design, mais celui-ci arbore de plus en plus des couleurs fortes.

Meubles aux façades lisses, poignées linéaires ou invisibles, équipements épurés et graphiques sont typiques du style design.

◄ Taillé à la scie circulaire dans de la pierre noire de Belgique, le bar assure à cette cuisine une forte personnalité.

Faire vivre par la couleur

La couleur dans la cuisine, c'est stimulant. On la retrouve sur les façades des placards, sur la crédence et sur les murs, en peinture ou en papier peint. Les couleurs claires donnent une impression d'espace et de luminosité, les couleurs fortes sont pleines de vitalité.
Le choix est vaste : outre le blanc et le noir, le gris inox et les différentes teintes de bois, toutes les couleurs pastel ou vives sont possibles, disponibles directement ou sur commande, comme pour certains stratifiés. Il y a aussi toutes les nuances que l'on peut appliquer sur les portes de bois pour redécorer sa cuisine à peu de frais.
Pour le plan de travail et la crédence, là encore, pas de restriction : la couleur peut s'accorder au mobilier pour former avec les façades un camaïeu apaisant, ou trancher de façon tonique, formant un rectangle graphique entre les éléments du haut et ceux du bas.

La couleur sur le mur

S'il ne reste qu'une toute petite surface de mur sur un côté ou au-dessus des placards, inutile de la faire remarquer en la faisant contraster : peignez-la plutôt de la même couleur que les éléments. En revanche, si la surface restante est importante, le mur peut vraiment avoir une influence sur le style de votre cuisine. Blanc ou neutre, il va s'effacer pour mettre en valeur la couleur de la cuisine elle-même ; peint dans un ton contrasté, il donnera à l'ensemble la force d'un tableau moderne. Il peut s'accorder à la crédence : il est facile de trouver ou de faire réaliser la nuance exacte d'un carrelage. Autre option, la monochromie : mur, éléments et crédence affichent la même couleur, éventuellement déclinée en plus clair et en plus soutenu. Les peintures acryliques se lessivent aujourd'hui sans problème, même dans leur version mate. Astuce : la peinture spéciale tableau, appliqué sur un panneau ou des portes de placard, permet d'écrire à la craie, comme sur un tableau d'école.

La couleur peut survenir en touches, sur un petit placard, en bande sur le mur ou encore en stickers...

L'Igloo
Marrakech
Montreuil
Cassano
USTENSILES

Meubles et placards

Les façades des éléments jouent un rôle important dans le style de la cuisine. Les portes adoptent tous les systèmes : ouvrantes, coulissantes, à soulever, basculantes… Elles sont de plus en plus remplacées, dans les meubles du bas, par des tiroirs, très pratiques car plus accessibles.
Dans la plupart des cas, les portes ferment des caissons standard, et l'ensemble est monté sur pieds. Il existe alors deux solutions : poser une plinthe pour cacher ces derniers, en intégrant éventuellement des tiroirs, ce qui crée un rangement supplémentaire dans les petites cuisines ; ou les laisser bien visibles car, s'ils sont hauts, ils donneront de la légèreté à l'ensemble.
Pour donner du rythme, n'hésitez pas à mêler deux types très différents : bois et inox, bois et blanc, noir et couleur, inox et couleur…
Pensez aussi à équiper les placards profonds d'un éclairage intérieur qui s'allume automatiquement à l'ouverture de la porte.

Le choix de la façade

Les façades en bois utilisent différentes essences : chêne, érable, hêtre, peuplier, bouleau, teck… Dans un esprit moderne, elles sont planes ; dans un esprit plus classique, un châssis en bois massif mouluré cerne un panneau central mince en contreplaqué, ce qui les allège. Le bois naturel peut être huilé, ciré, couvert d'un vernis polyuréthane, lasuré, peint, patiné…
Les façades en inox présentent une esthétique industrielle ou design, avec un aspect mat, brossé, poli, ondulé… D'un entretien relativement facile – avec une éponge mouillée d'eau chaude puis un essuyage au chiffon de coton –, ce matériau n'est pas recommandé si vous avez de jeunes enfants… avec de jolis doigts !
Les façades laquées offrent une surface brillante, lisse et dure, dans une large gamme de couleurs. De bonne qualité, leur prix reste assez élevé.
Les façades en panneaux de particules revêtus de polymère présentent des surfaces satinées ou mates, de couleur unie ou imitant le bois.
Les façades en verre sont montées sur un châssis en bois ou en métal (le plus souvent de l'aluminium). Le verre, trempé, sablé, armé ou sérigraphié, n'est pas réservé aux placards du haut mais peut habiller toute la hauteur de la façade.

La bonne poignée

► Les poignées contribuent au style : bouton, coquille, poignée linéaire, tirette… Elles peuvent être presque invisibles, disparaître dans le profil de la porte ou être remplacées par un système de ressorts.

Option couleur vive pour ces portes laquées, qui contrastent franchement avec le noir de l'équipement ménager et le vert acide du mur.

Les portes coulissantes d'un meuble bas sont habillées d'un adhésif qui en change totalement l'aspect.

Les façades en stratifié ont considérablement évolué. Le stratifié n'a plus grand-chose à voir avec celui des années 1960, ni dans l'apparence ni dans la qualité. C'est un matériau dur composé de couches de papier assemblées par haute pression et recouvert de mélamine en surface. On le colle ensuite sur du médium. Économique, il présente aujourd'hui une grande diversité de couleurs, de motifs et d'effets de matière parfois bluffants.

Les bricoleurs sauront construire eux-mêmes leurs portes de placard, comme ici, avec d'anciennes persiennes en bois.

Customiser ses portes

▶ En changer la couleur aide à rajeunir des portes moulurées d'esprit rustique. La peinture permet de jouer avec une infinité de couleurs et de les associer pour composer un décor très personnel.

▶ Les portes plaquées de mélamine peuvent elles aussi être peintes, après ponçage et passage d'une peinture d'accrochage.

▶ Les portes planes peuvent être entièrement habillées d'adhésif : il en existe de toutes les couleurs, qui permettent un jeu de rayures horizontales ou verticales.

▶ On peut aussi, aujourd'hui, opter pour des adhésifs imprimés de photos numériques ou succomber à la mode des stickers.

Revoilà le buffet d'autrefois. Repeint, il apporte une belle touche déco et… un bon volume de rangement.

L'art du rangement

On n'a jamais trop de rangements dans une cuisine : si vous ne manquez pas d'espace, soyez généreux avec leur volume. Deux options : cacher tous les ustensiles pour que la cuisine reste nette, ou tout mettre en scène, la surcharge créant un effet esthétique. Solution intermédiaire : le rangement derrière des portes vitrées, qui permet de trouver immédiatement la bonne assiette ou le bon verre. Les étagères ouvertes sont aussi une solution pour ranger tous les accessoires courants. Ils seront ainsi plus facilement accessibles, mais l'ordre doit régner pour ce type de rangement !

Pas de volume perdu avec ces tiroirs étroits qui glissent sur toute la profondeur du plan de travail.

Ranger malin

Équipez les meubles du bas de tiroirs plutôt que de portes : le fond est ainsi plus facile d'accès. Sur les éléments du haut, une porte basculante est plus pratique car elle peut rester ouverte sans gêner les mouvements. Pour les éléments qui descendent jusqu'au plan de travail, le volet roulant est tout indiqué.

Les ustensiles et ingrédients rangés dans des placards d'angle seront plus accessibles s'ils sont disposés sur des étagères à tourniquet.

Utilisez l'espace perdu en hauteur pour ranger ce qui sert rarement, dans des paniers ou des boîtes à couvercle en polypropylène qui se nettoient facilement.

Mettez à profit les moindres recoins : un espace étroit et profond peut être équipé sur toute sa hauteur d'une porte-tiroir coulissante munie de plusieurs étagères à rebords. Si l'espace est encore plus étroit, transformez-le en rangement à bouteilles.

Un petit renfoncement dans un mur ? Posez des étagères très étroites, avec ou sans porte : pots à épices, boîtes à thé ou encore verres alignés y prendront place.

Rangement : à chacun ses besoins

Pour des rangements parfaitement adaptés, dressez la liste des éléments à ranger. Posez-vous les bonnes questions :

- Comment ranger les casseroles, poêles et cocottes à proximité du poste de cuisson?
- Où ranger la vaisselle et les verres ?
- Où poser les appareils souvent utilisés (grille-pain, cafetière, mixeur) ? Pensez aux prises de courant !
- Où ranger l'épicerie ? les bouteilles ?
- Où placer les ustensiles qui ne peuvent être accrochés ?

Des petits plus pleins d'astuce

Fixez sur la crédence des barres ou des rails pour y accrocher divers ustensiles. Si vous avez assez d'espace pour implanter un plan de travail large, équipez-le sur l'arrière de compartiments à couvercle qui accueilleront utilement gros sel, épices, ou même éponges, ou encore d'un rail incrusté pour les lames de couteaux.
Enfin, clef indispensable d'une cuisine bien rangée, donnez aux utilisateurs la saine habitude de remettre chaque chose à sa place, et pas ailleurs !

▲ Dans un espace profond mais étroit, on a installé un tiroir vertical : une idée à mettre en pratique dans un recoin a priori inutilisable.

◀ **L'espace de rangement se gagne en hauteur, par exemple en casiers au-dessus du réfrigérateur.**

La poubelle

À l'ère de l'anti-gaspi et du recyclage, la gestion des déchets commence dans la cuisine. Avec plus de 350 kg par an et par habitant, le tri sélectif s'impose.

▶ La poubelle de style lessiveuse (au couvercle quelque peu bruyant) se décline aujourd'hui en différentes couleurs laquées.

▶ La poubelle équipée d'une pédale est plus pratique puisqu'on peut l'ouvrir sans les mains. D'autres soulèvent leur couvercle sur un effleurement des doigts. Certaines sont équipées de deux compartiments afin de séparer déchets organiques et emballages recyclables.

▶ Fixée derrière une porte de placard, la poubelle carrée n'a qu'une faible contenance.

▶ Dans un tiroir, elle se décompose aussi en plusieurs compartiments pour tri sélectif, dont un petit pour les piles usagées !

▶ Autre solution pour les déchets végétaux : une ouverture à couvercle dans le plan de travail, et les épluchures tombent directement dans un conteneur. Ceux qui ont un jardin peuvent alors en faire du compost.

▶ Et demain ? La poubelle du futur, déjà utilisée dans certains pays dont l'Allemagne, va compacter les déchets : moins de volume, moins de ramassage, moins de pollution…

Un éclairage adapté

Pour être bien pensé, l'éclairage doit être planifié dès la conception de la cuisine.
Il consiste tout d'abord en une lumière d'ambiance. Des spots répartis sur toute la surface d'un faux plafond sont à privilégier car ils donnent une luminosité égale dans toute la pièce. Un plus : le variateur d'intensité, un petit investissement qui peut s'avérer très utile.
Pour les activités culinaires, un autre éclairage est indispensable sur le plan de travail et le poste de cuisson. Il ne sera ni trop faible, ni trop fort, surtout si la pièce est claire, pour éviter le côté laboratoire. S'il n'y a pas de meuble au-dessus du plan de travail, installez des appliques ou des spots directionnels.

Le coin repas

Pour le coin repas, la suspension qui éclaire du dessus reste la solution idéale, surtout si l'on choisit un modèle à hauteur modulable qui permet de varier l'ambiance. Selon les dimensions de la table, disposez deux ou trois suspensions pour que l'éclairage soit égal sur toute sa surface. Préférez trois ampoules de moyenne intensité à une seule très forte, vite fatigante pour la vue. Choisissez des interrupteurs lavables, et placez-les à hauteur de coude pour pouvoir allumer ou éteindre même avec les bras chargés. Le petit plus : le variateur d'intensité pour doser la lumière au plus juste.

L'éclairage bas situé au-dessus de la table et celui du plan de travail, placé sous les placards hauts, garantissent le confort visuel.

CAHIER PRATIQUE

QUESTIONNAIRE / La cuisine qu'il me faut

Ce petit questionnaire-bilan a été conçu pour vous aider à préparer votre projet de (ré)aménagement et de décoration. Répondez le plus précisément possible aux questions ci-dessous afin de bien définir le profil déco de votre future cuisine, comme le ferait un professionnel (architecte ou décorateur). En vous aidant des informations dispensées au fil du livre, vous obtiendrez une synthèse personnalisée. Objectif : une cuisine réussie et adaptée à vos envies, votre budget et votre mode de vie.

▶ LES UTILISATEURS

• Combien de personnes vivent à la maison ?

....

• Avez-vous des enfants très jeunes ? Scolarisés ? Font-ils leurs devoirs dans la cuisine ?

....

• Vos enfants invitent-ils souvent leurs copains ?

....

• Organisez-vous des dîners ? Intimes ou plus ambitieux ?

....

....

• Ont-ils lieu dans votre cuisine ou dans une autre pièce ?

....

....

• Avez-vous des animaux domestiques ?

....

▶ LA PRÉPARATION DES REPAS

• Quel type de cuisine faites-vous ?
Plutôt basique et minimaliste ou au contraire les petits plats dans les grands ?

....

• Avez-vous besoin d'un grand plan de travail ?
D'un certain type d'évier ?

....

• Allez-vous souvent au marché pour acheter du frais ou faites-vous le plein au supermarché une fois par semaine ?

....

• Avez-vous besoin d'un grand réfrigérateur, d'un congélateur ?

....

• De quel volume de rangement avez-vous besoin ?

- pour l'épicerie......................................

....

- pour les bouteilles................................

....

- pour la vaisselle..................................

....

- pour les ustensiles................................

....

- le petit électroménager.......................

....

• Préférez-vous le gaz ou l'électricité ?

....

• Souhaitez-vous intégrer un coin repas même dans un petit espace ?

....

• À part les repas, que faites-vous dans la cuisine ? Cela implique-t-il une prise en compte pour son aménagement ?

....

....

• Avez-vous besoin d'un emplacement pour accueillir un lave-linge ? Les produits de lessive ? Les accessoires du repassage ?

....

• Où comptez-vous ranger balais et produits d'entretien ?

....

• Prévoyez-vous l'organisation du tri sélectif ?

....

▶ VOTRE CUISINE ACTUELLE

• Votre cuisine actuelle convient-elle à votre mode de vie ?

....

....

• Dans son état actuel, qu'est-ce qui vous plaît ?

....

....

• Qu'est-ce qui est pratique ?

....

....

• Quels sont ses défauts ?

....

....

• Y a-t-il suffisamment de rangements ?

....

....

• La hauteur du plan de travail est-elle adaptée à votre taille ?

....

▶ LA CUISINE QU'IL VOUS FAUT

• Quel type d'implantation est le plus adapté à votre pièce ?

....

• Pensez-vous conserver tout ou partie de votre électroménager que vous voulez garder ? Vont-ils s'intégrer dans votre nouvelle cuisine ?

....

....

• Quels sont ceux que vous devez/souhaitez renouveler ?

....

• Les souhaitez-vous indépendants ou intégrables ?

....

• Pensez-vous changer seulement les portes et les poignées ? Rénover en gardant une partie de l'existant ? Ou repartir de zéro ?

....

....

• Quel budget pouvez-vous consacrer à votre cuisine ?

....

► QUESTION DE STYLE

• Quel(s) styles vous ont plu dans ce livre ?

....

• Avez-vous une préférence pour les cuisines où rien ne se voit, celles ou tout est à portée de main ou les mixtes ?

....

....

• Quelles couleurs aimez-vous ?

....

• Quels matériaux vous plaisent ?

- pour le sol...

....

- pour les murs...

....

- pour la crédence et le plan de travail

....

- pour les équipements...........................

....

- pour les meubles...................................

....

► S'ORGANISER POUR LES TRAVAUX

• Qu'allez-vous faire vous-même ?

....

....

....

• Quelle partie des travaux nécessite l'intervention d'un artisan ?

....

....

• Devez-vous obtenir certaines autorisations ?

....

• En cas de travaux importants, avez-vous la possibilité d'aménager une cuisine d'appoint dans une autre pièce ?

....

....

• Où pourrez-vous stocker ce qui vous ne sera pas indispensable au quotidien ?

....

....

....

PLANS / 10 idées d'aménagement

CUISINE EN U

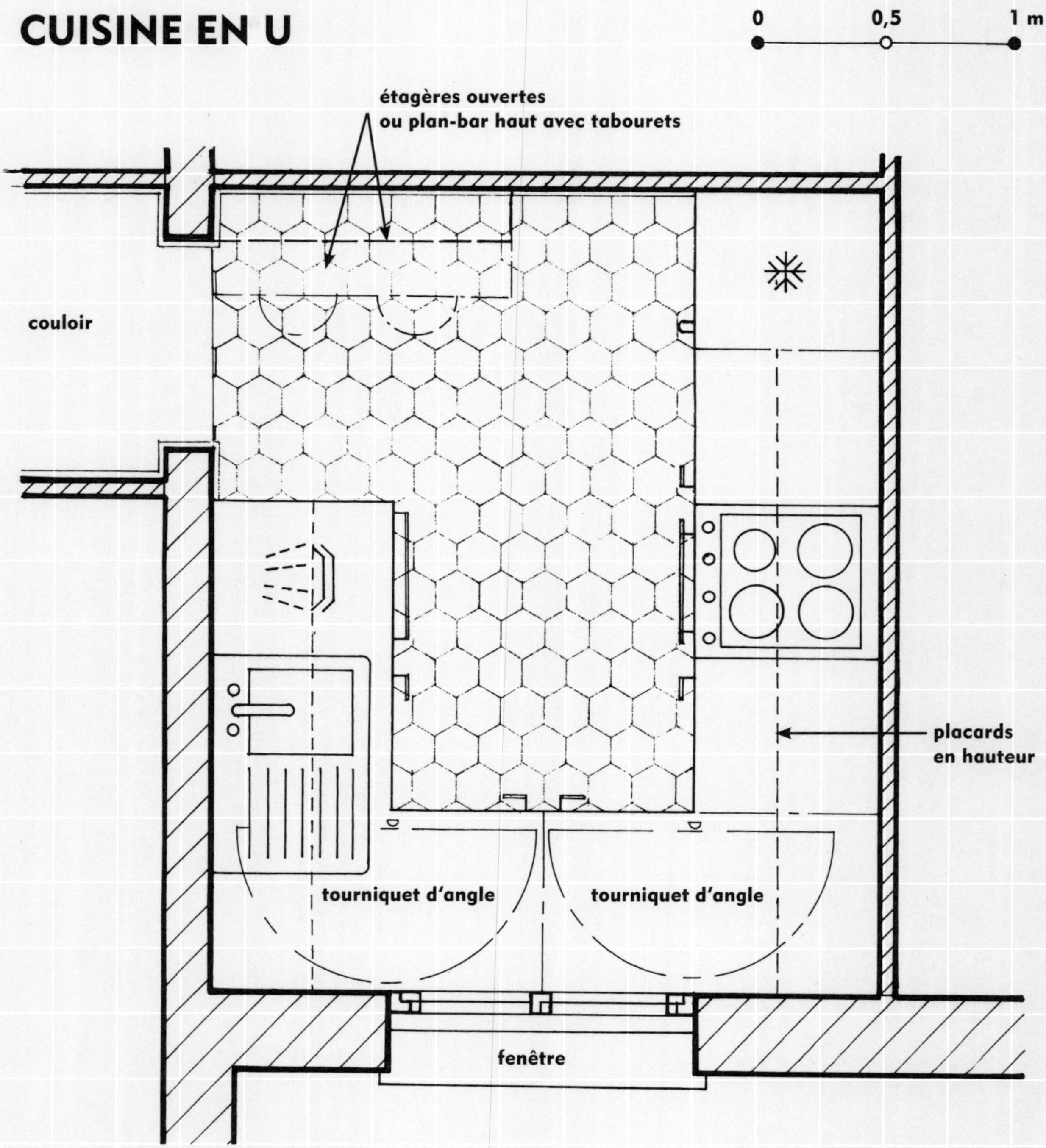

► La disposition en U s'est avérée la meilleure solution pour profiter au maximum de la petite surface de cette cuisine. Tous les équipements indispensables trouvent leur place, la vaisselle est rangée dans les éléments hauts et on dispose d'un grand plan de travail. Seul le coin petit déjeuner est réduit au minimum, mais la salle à manger se trouve à proximité.

PETITE CUISINE AVEC MUR EN COURBE

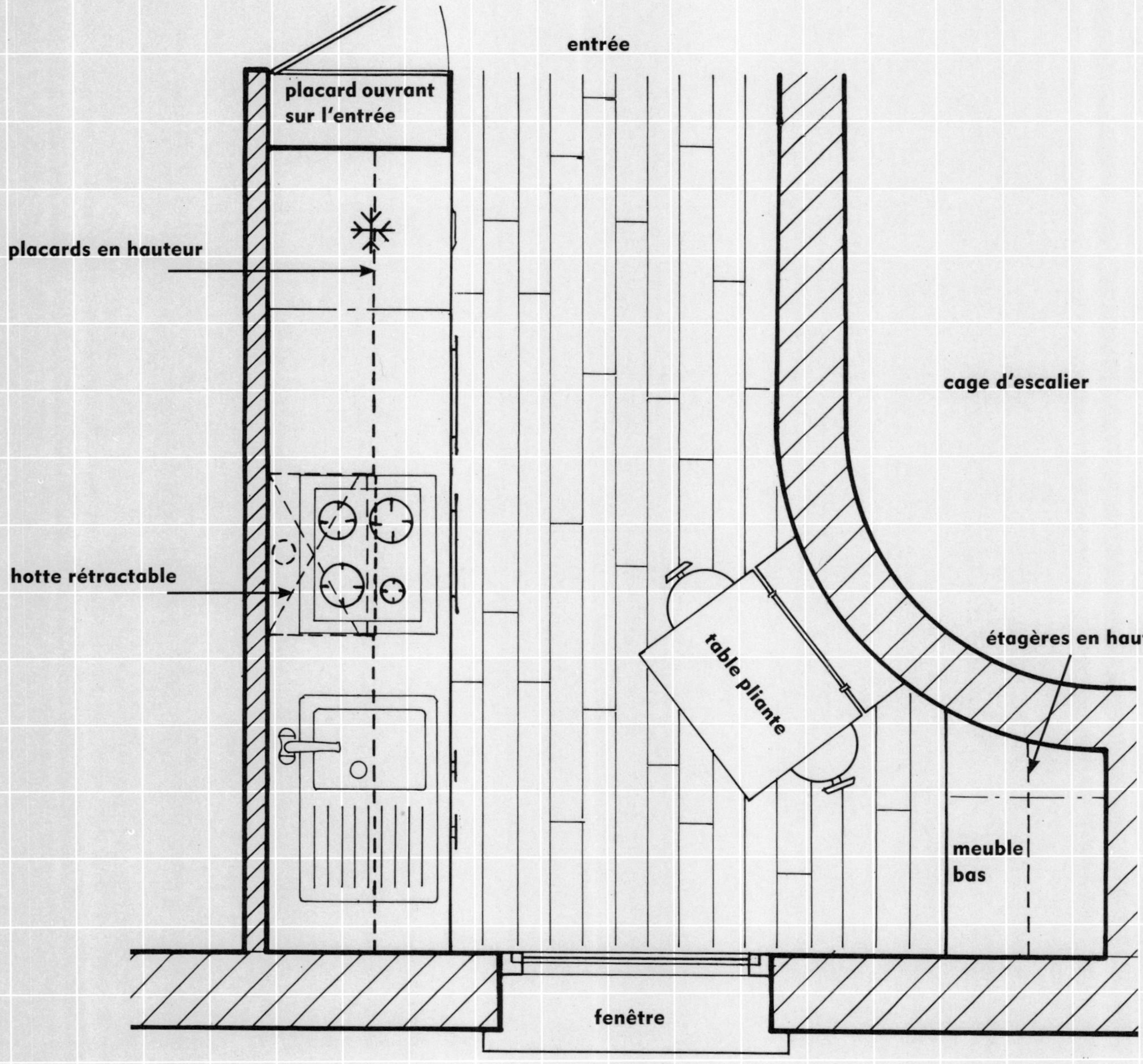

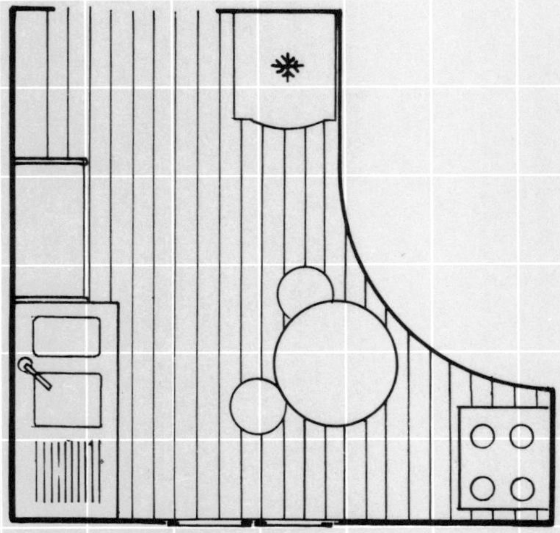

▶ Dans les appartements anciens, la cuisine était souvent reléguée dans un espace exigu, pour laisser la part belle aux pièces de réception. Ici, elle se situe derrière la cage d'escalier de l'immeuble, d'où le mur arrondi. Le meuble bas placé à l'extrémité de cet arrondi est couvert d'un plan qui épouse la forme du mur ; l'espace resté libre en dessous permet de ranger les tabourets pliants.

CUISINE EN L AVEC ÎLOT MIXTE

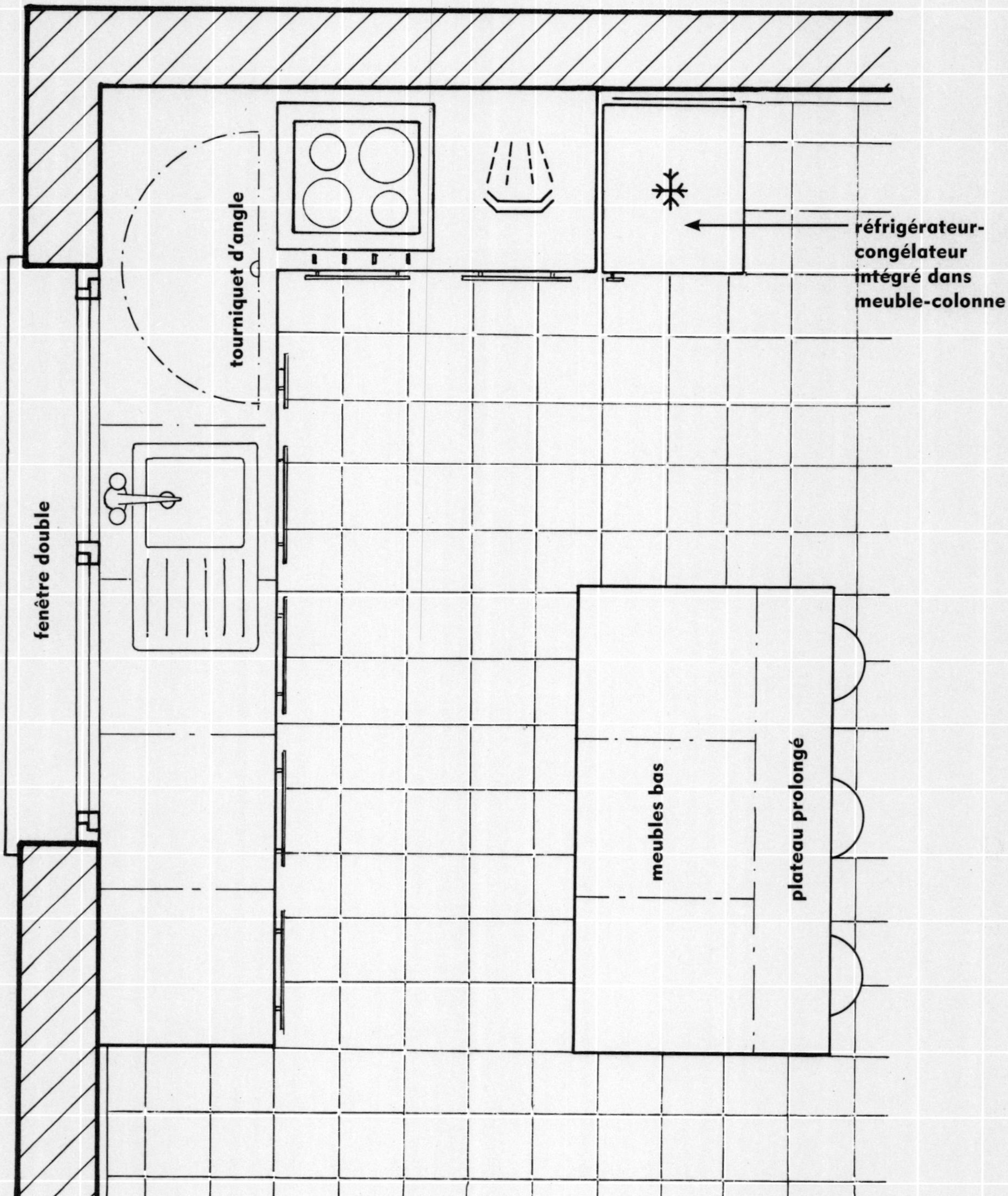

▶ Pour compléter cette spacieuse cuisine en L, on lui a adjoint un îlot qui abrite trois placards côté cuisine ; son plan de travail se prolonge en coin repas côté séjour. De retour de l'école, les enfants y prennent leur goûter, puis font leurs devoirs pendant que les parents préparent le dîner.

CUISINE PROLONGÉE SUR UN COULOIR

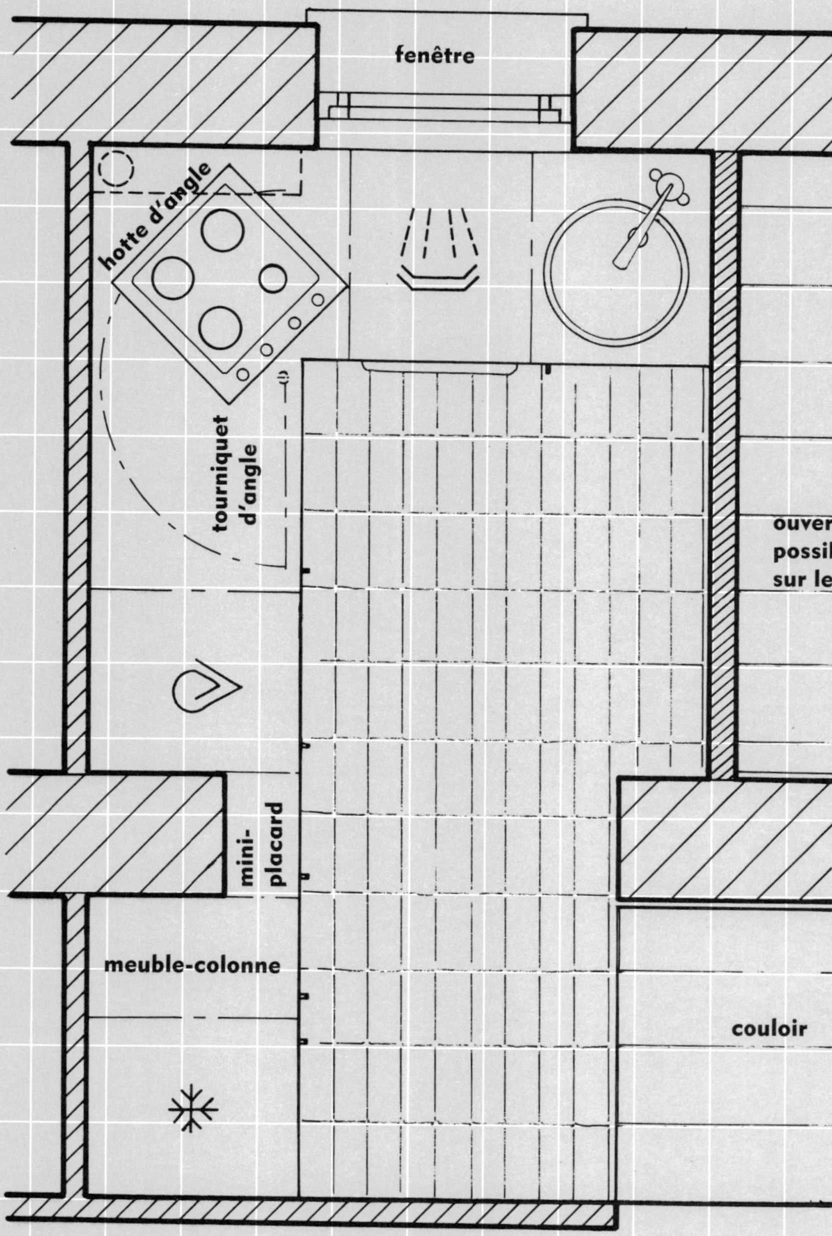

▶ Située en bout de couloir d'un appartement ancien, la cuisine a investi l'extrémité de celui-ci pour prolonger ses placards, y compris devant le mur porteur où le placard étroit monte jusqu'au linteau de la porte supprimée. Elle a ainsi gagné en volume de rangement et paraît visuellement moins isolée du reste de l'appartement.

CUISINE SEMI-OUVERTE SUR SÉJOUR

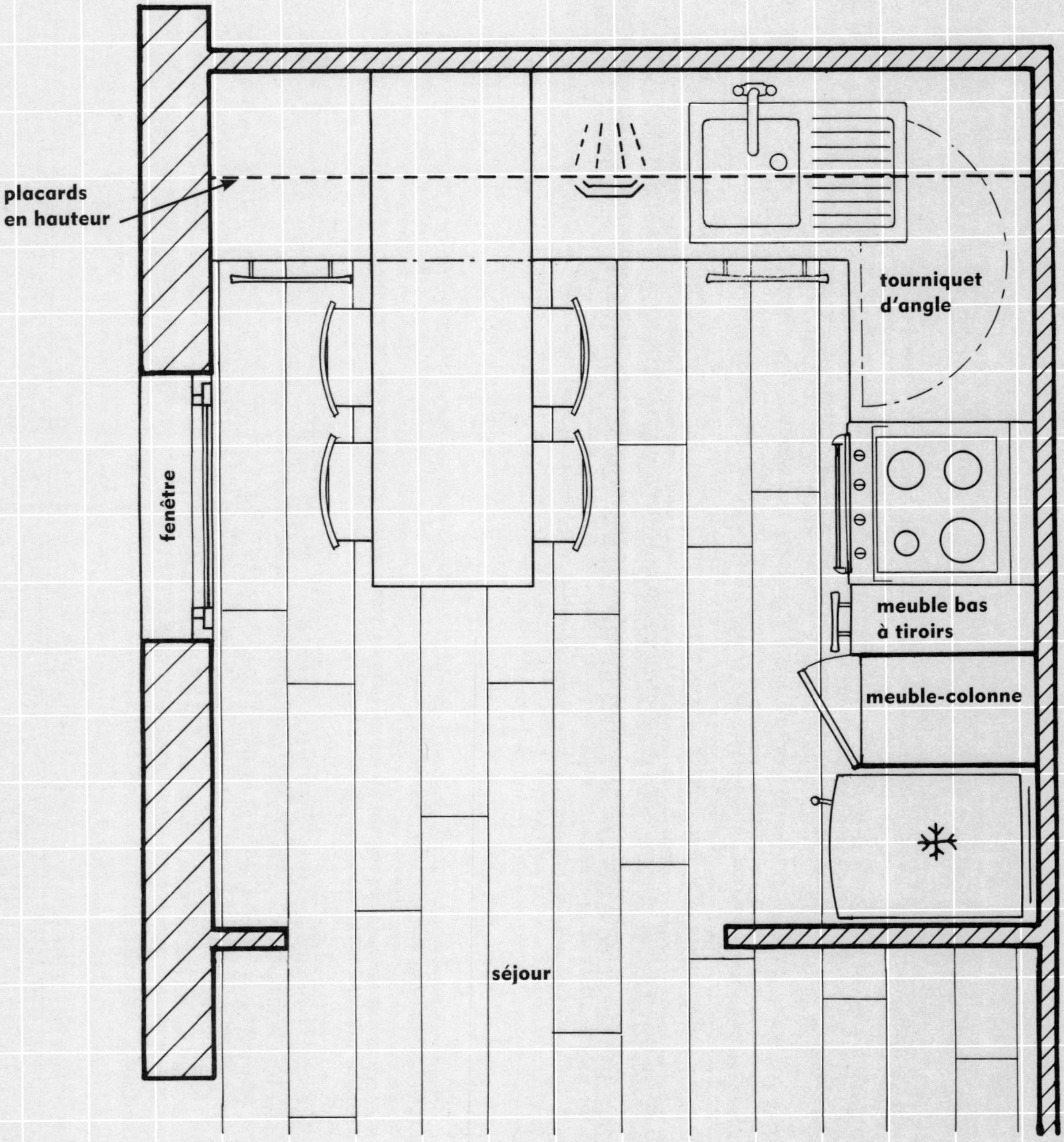

► Semi-ouverte sur un séjour de taille réduite, cette cuisine s'est dotée d'un coin repas perpendiculaire au plan de travail surmonté sur toute sa longueur de placards en hauteur. Dans le placard situé sous l'extension du plan repas, on range ce qui ne sert pas très souvent : grosses cocottes, service à raclette ou à fondue, pierrade…

CUISINE DANS ESPACE REDISTRIBUÉ

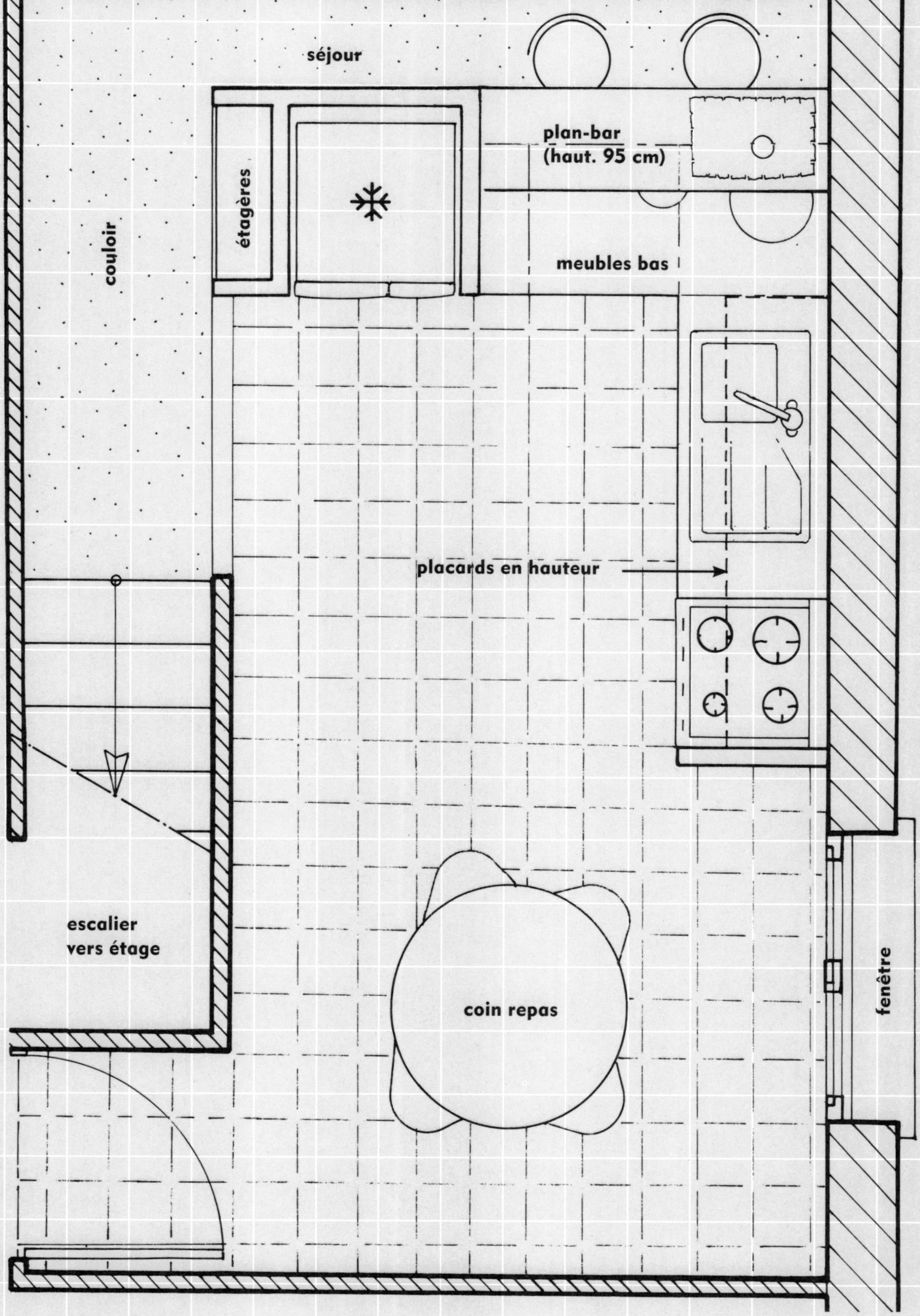

▶ Pour ouvrir l'espace, le couloir et les portes de ce petit pavillon ont été supprimées ; la cloison restante a été abaissée en rampe le long de l'escalier. De la structure ancienne demeure un pilier de soutien : il a été englobé dans les étagères créées côté salon, jouxtant la colonne d'habillage du réfrigérateur. Devant la porte-fenêtre, on a installé un vrai coin repas.

CUISINE TOUT EN LONGUEUR

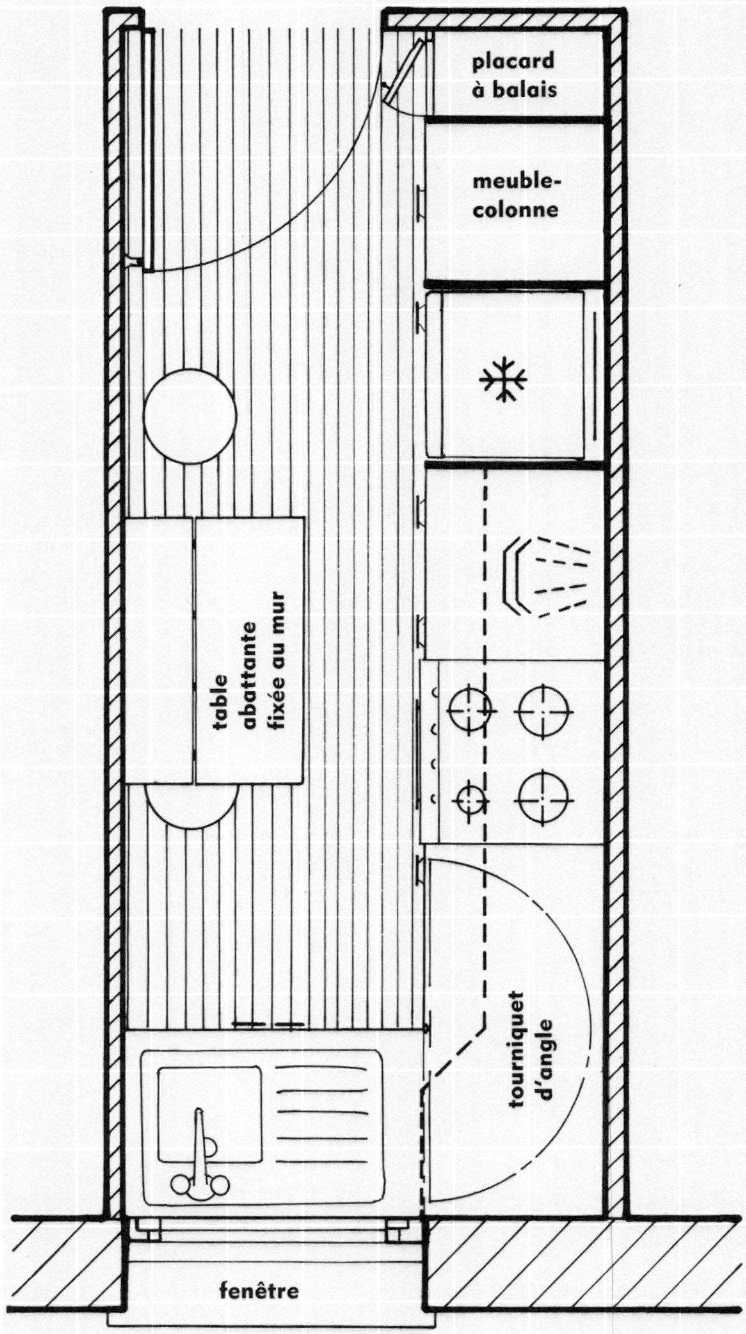

► Tout en longueur, cette cuisine d'immeuble des années 70 ne peut servir que pour la préparation des repas. Cependant, une table à abattant a été fixée au mur. Lorsqu'elle est refermée, elle sert de console et abrite deux chaises pliantes. Ce type de cuisine se prête tout à fait à une ouverture sur le séjour, si celui-ci est contigu.

CUISINE OUVERTE SUR SÉJOUR

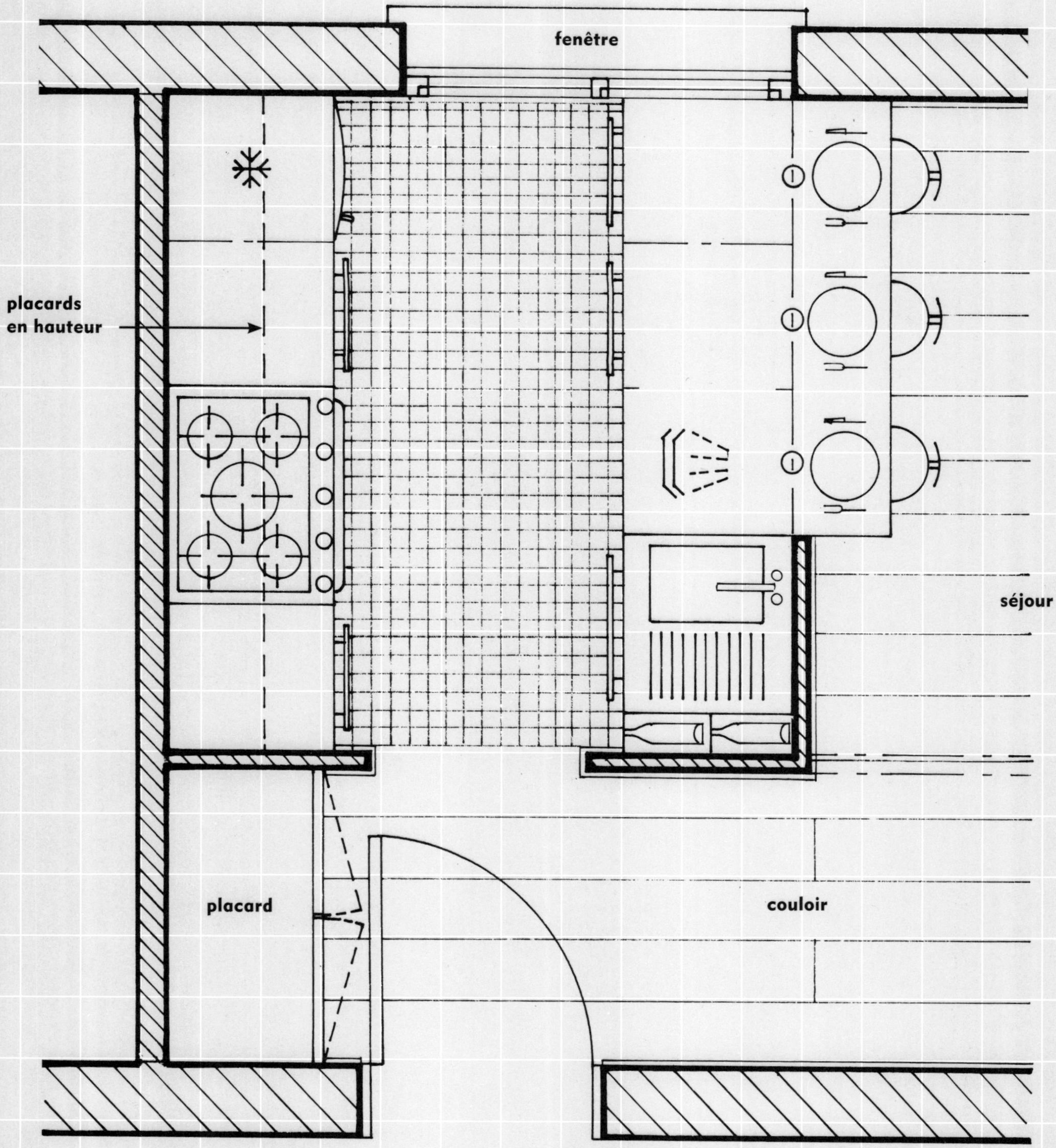

▶ Abattre des cloisons permet d'agrandir visuellement l'espace. Ici, on a supprimé la porte de la cuisine ainsi qu'une partie de la cloison la séparant du séjour ; celui-ci a été agrandi par la surface de couloir récupérée. Bien que l'on n'ait pas gagné en volume de rangement, l'espace ouvert est devenu plus agréable à vivre et la communication avec les occupants du séjour est très appréciable.

CUISINE ET PIÈCE À VIVRE

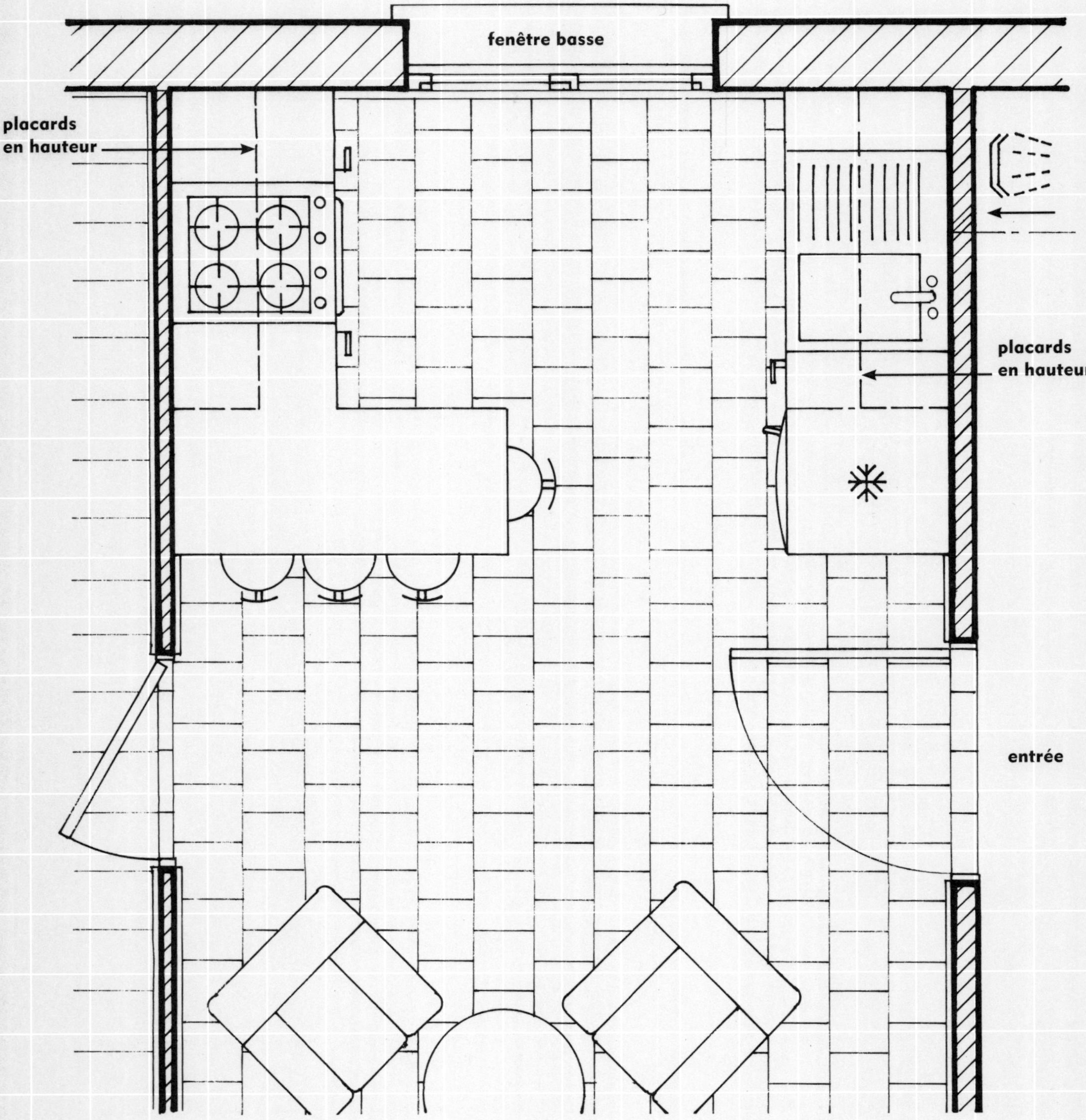

▶ Dans ce tout petit appartement, une cuisine minuscule et un séjour moyen se répartissaient de part et d'autre du couloir menant à l'entrée. Celui-ci a donc été supprimé pour que le tout ne forme qu'une seule pièce à vivre, éclairée aux deux extrémités par des fenêtres basses. Le coin repas qui a pu être aménagé côté cuisine n'empiète plus sur la surface du salon qui revient ainsi à sa fonction première.

CUISINE À ANGLE OBTUS

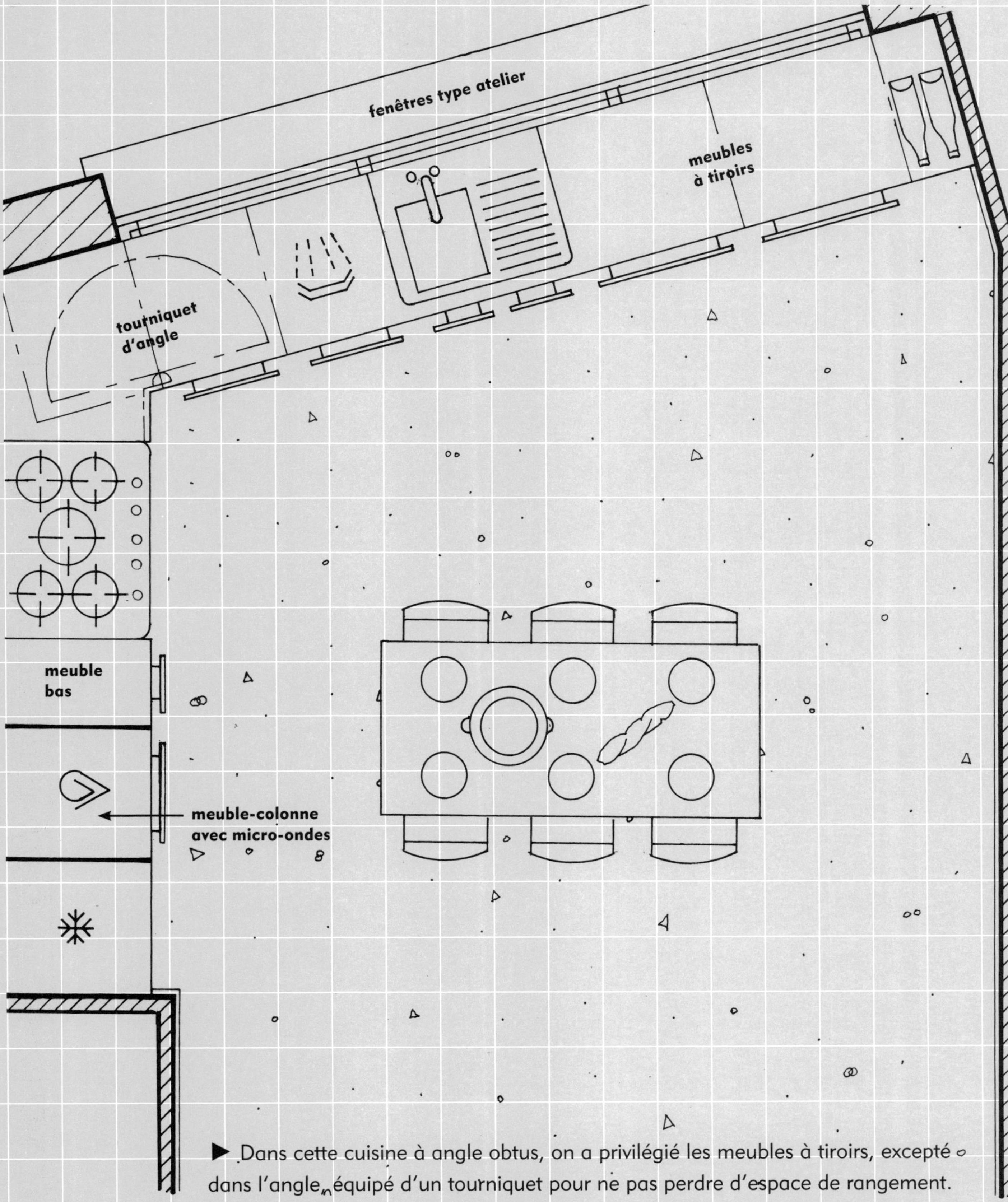

▶ Dans cette cuisine à angle obtus, on a privilégié les meubles à tiroirs, excepté dans l'angle, équipé d'un tourniquet pour ne pas perdre d'espace de rangement. Le meuble haut, jouxtant la colonne intégrant le réfrigérateur, est également doté de portes coulissantes à tiroirs. La surface de la cuisine a permis la mise en place d'un plan de travail, plus profond que les plans standard (70 cm au lieu de 60 cm).

AGENCEZ VOTRE CUISINE

► Tracez les contours de votre pièce (sans omettre les portes et fenêtres), en vous aidant du quadrillage (1 cm = 20 cm).

► La double page suivante rassemble différents modèles de meubles et d'équipements. Photocopiez et découpez les éléments dont vous avez besoin pour les utiliser comme gabarits.

► Disposez-les sur votre plan pour définir l'agencement le plus adapté à votre espace. N'hésitez pas à faire de nombreux essais, pour explorer toutes les possibilités qui s'offrent à vous !

GABARITS STANDARD

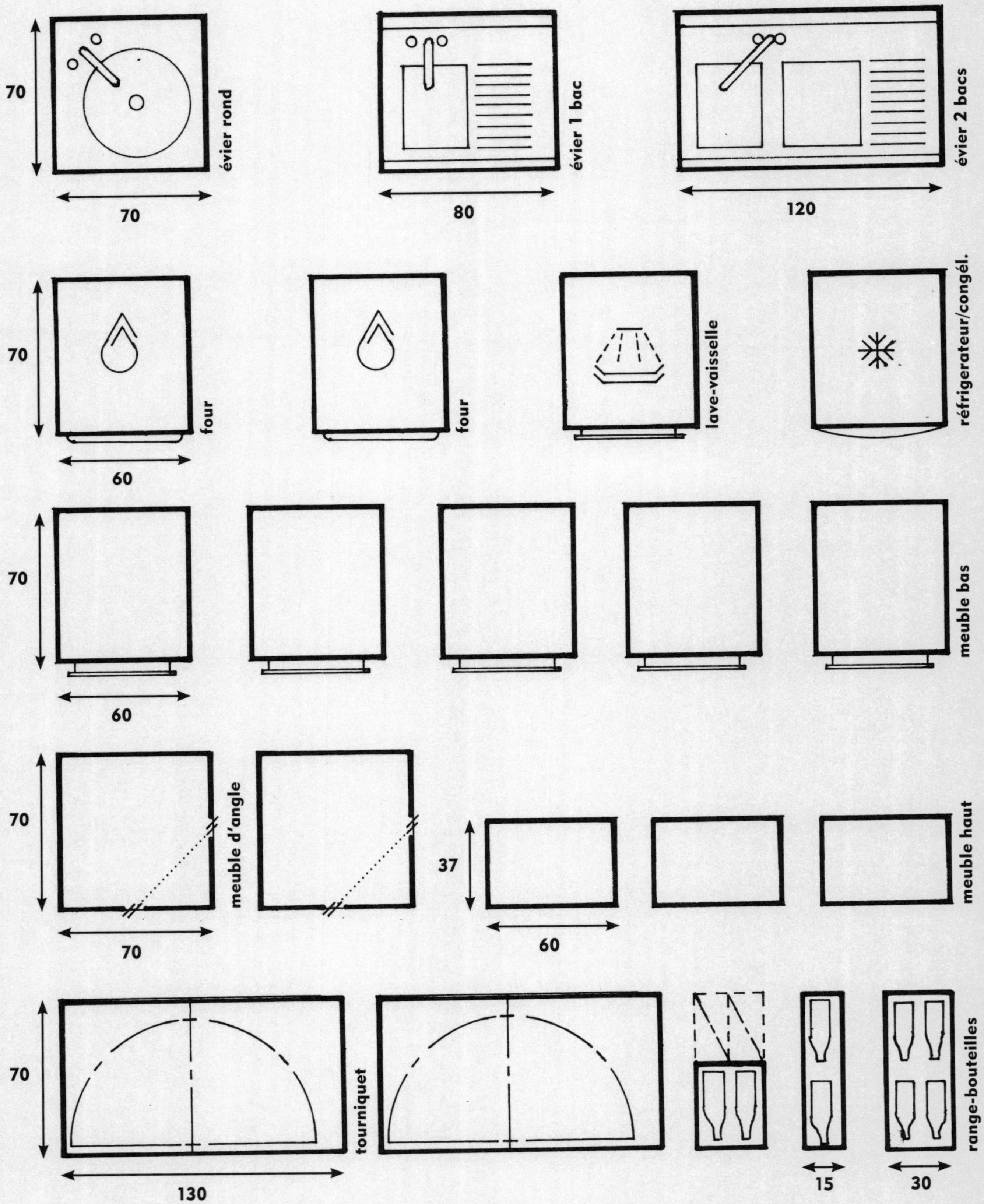

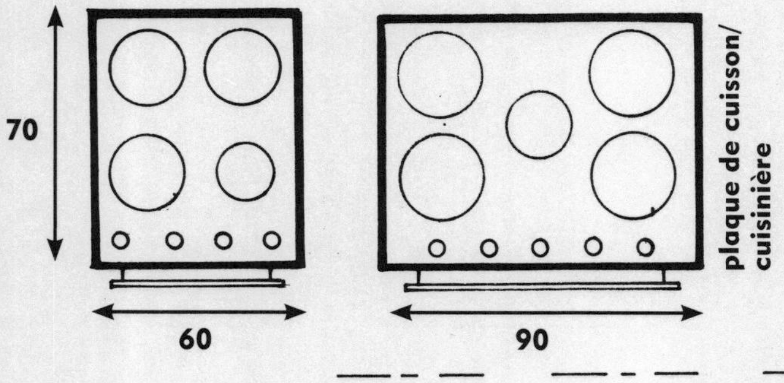

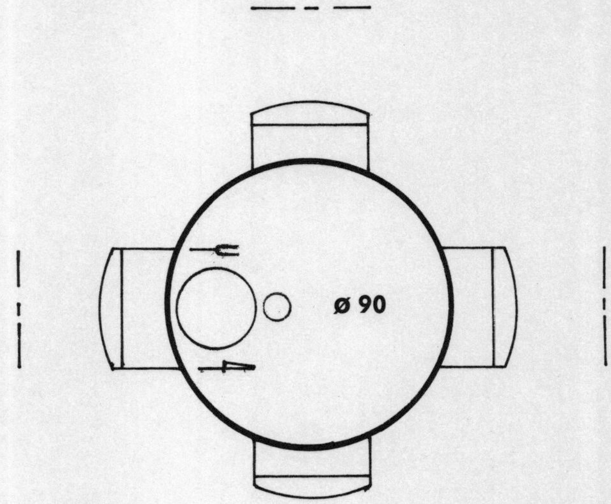

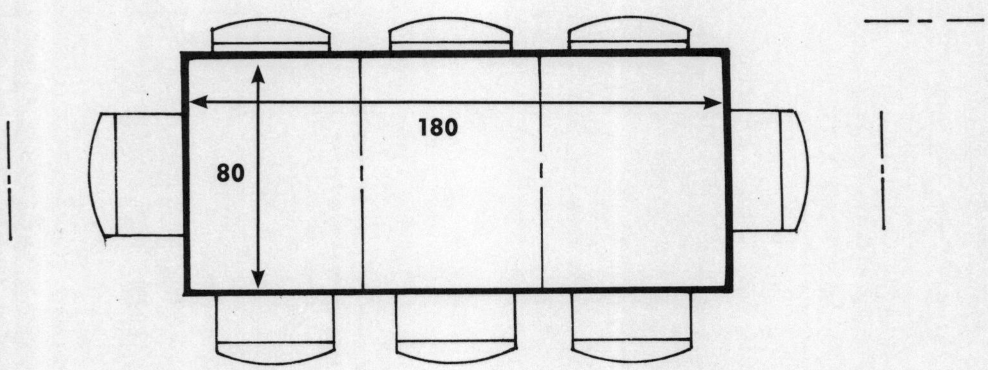

Mesures données en cm

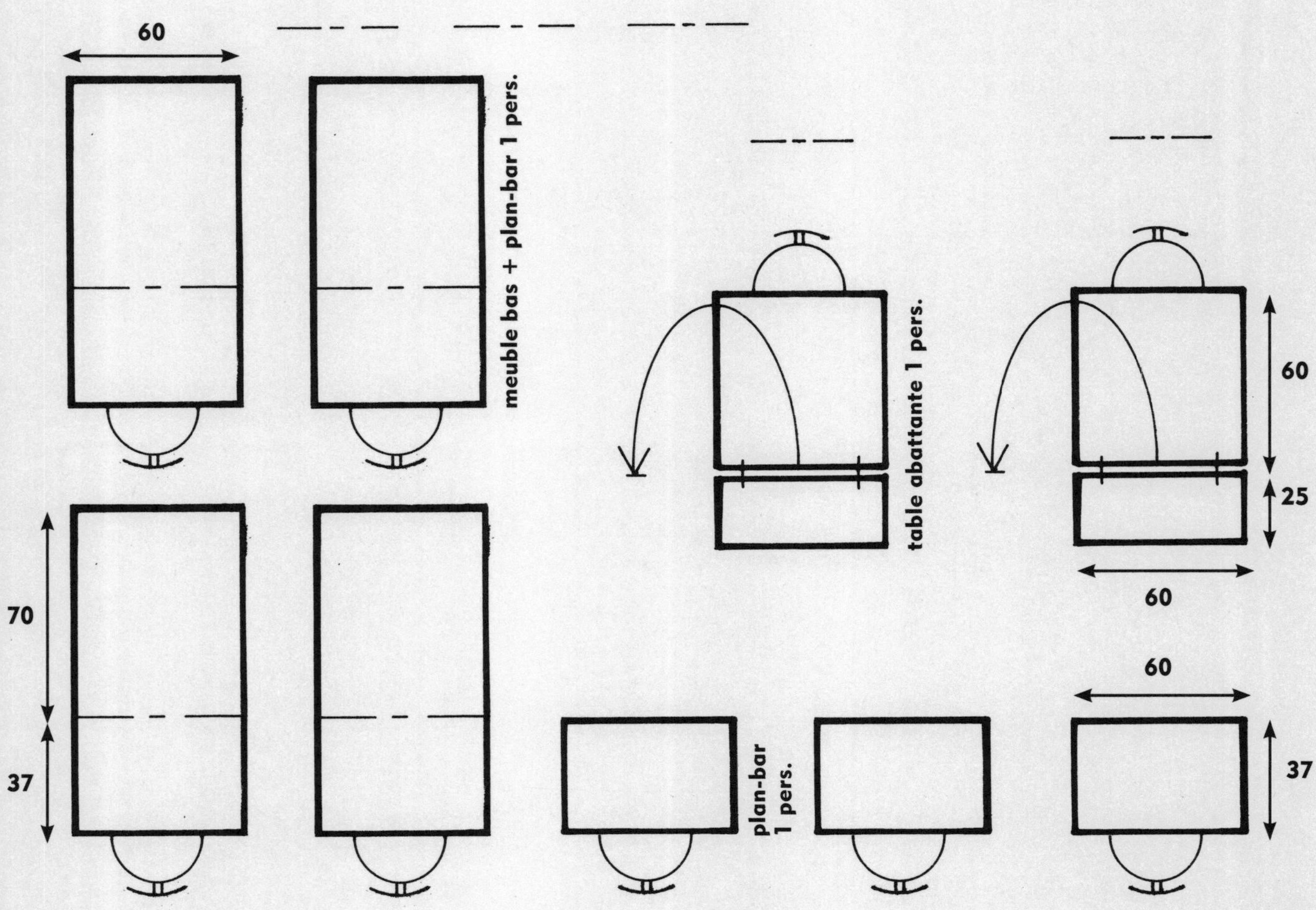

CARNET D'ADRESSES

► GÉNÉRALISTES ET MAGASINS DE BRICOLAGE

Alinéa
Tél. : 04 42 82 40 60
www.alinea.fr

B.H.V.
Tél. : 01 42 74 90 00
www.bhv.fr

Brico-dépôt
www.bricodepot.com
Matériaux et équipements à prix plancher.

Castorama
Tél. : 0810 104 104
www.castorama.fr
Un bon choix de façades de cuisine design ou plus traditionnelles, plans de travail, des équipements (éviers, robinets), du carrelage et un peu d'électroménager.

Habitat
Tél. : 0800 010 800
www.habitat.net
Quelques beaux modèles de cuisines modernes et de nombreux d'ustensiles

Ikea
Tél. : 0825 826 826
www.ikea.com
Une large gamme de cuisines à composer soi-même, avec un conseiller et une mise en place sur ordinateur. De nombreux ustensiles et même de l'électroménager.

Lapeyre
Tél. : 0825 85 6000
www.lapeyre.fr
Équipements et mobilier pour aménager votre cuisine sur mesure.

Leroy Merlin
Tél. : 0810 634 634
www.leroymerlin.fr
Ici, vous pouvez composer entièrement votre cuisine, du sol au plafond en passant par la robinetterie, la peinture, le carrelage, sans oublier l'éclairage.

Monsieur Bricolage
www.mr-bricolage.fr

Point.P
Tél. : 0810 01 8000
www.pointp.fr

Réseau pro
Tél. : 02 99 85 54 54
www.reseaupro.fr
Des offres intéressantes en matériaux.

► VENTE PAR CORRESPONDANCE

AM.PM/La Redoute
Tél. : 0892 350 350
www.ampm.fr

Camif
Tél. : 0892 69 69 92

3 Suisses
Tél. : 0892 69 15 00
www.3suisses.fr

Safée Dléfée
www.safee-dlefee.com
Des stickers faciles à poser pour customiser vos murs et vos meubles.

► CUISINISTES

Alno
www.alno.fr

Arthur Bonnet
Tél. : 0825 801 528
www.arthur-bonnet.com

Allmilmö
Tél. : 03 88 56 88 40
www.allmilmoe.com

Binova
161, rue du Faubourg-Saint-Honoré
75008 Paris
Tél. : 01 42 89 16 38
De bonnes idées : électroménager caché et plan de cuisson aligné.

Boffi
234, boulevard Saint-Germain
75007 Paris
Tél. : 01 42 84 11 02
www.boffi.com

Bulthaup
Tél. : 03 89 23 08 16
www.bulthaup.fr

Cesa
Tél. : 05 53 760 760
www.cesa.tm.fr

Chabert Duval
Tél. : 03 85 44 63 33
www.chabertduval.fr

Cheminées Philippe
www.chemineesphilippe.com
Car ils ne font pas que des cheminées...

Cormier
52, rue de la Croix-Nivert
75015 Paris
Tél. : 01 47 34 11 17
www.cuisinescormier.fr

Cuisinella
www.cuisinella.com

Cuisines plus
www.cuisines-plus.com

Espace Move
4 rue de Luynes
75007 Paris
Tél. : 01 42 84 36 06
www.effeti.com

Hardy Inside
Tél. : 0800 928 800
www.hardyinside.com

Hygena
Tél. : 0892 683 399
www.hygena.fr

Italia Cucine
202, boulevard Saint-Germain
75007 Paris
Tél. : 01 45 48 25 53
www.italiacucine.com

Ixina
www.ixina.fr

La Cuisine Française
www.lacuisinefrancaise.com

Leader Cucine
www.leadercucine-cic.info

Mobalpa
0810 710 610
www.mobalpa.fr

Pérène
Tél. : 0810 405 405
www.perene.fr

Poggenpohl
www.poggenpohl.fr

Sagne
www.sagne.com

Schmidt
www.cuisines-schmidt.com

SieMatic
www.siematic.com

Teissa
www.teissa.fr

Teisseire
www.cuisines-teisseire.fr

Trouillet
Le Plessis
72320 Lamnay
Tél. : 02 43 93 23 69
www.trouillet-cuisines.fr

Varenna-Silvera
41, rue du Faubourg Saint-Antoine
75011 Paris
Tél. : 01 43 43 06 75

Veneta Cucine
43, avenue de Friedland
75008 Paris
Tél. : 01 53 75 10 00
Des meubles écologiques
en situation.

▶ ROBINETTERIE

Grohe
Tél. : 0803 325 325
www.grohe.fr

Hansgrohe
Tél. : 01 40 96 40 00
www.hansgrohe.fr

Jado
Tél. : 01 44 98 96 96
www.jado.com

Jacob Delafon
Tél. : 01 40 27 04 50
www.jacobdelafon.fr

Sopha Industries
44, rue Blanche
75009 Paris
Tél. : 01 42 81 25 85
www.sopha.fr

▶ REVÊTEMENTS MURS ET SOLS

CARRELAGES

Aire Azur Carrelage
59, avenue Ledru Rollin
75012 Paris
Tél. : 01 47 00 38 20
aire.azur@orange.fr
Carrelages et zelliges.

Artirec
4, boulevard de la Bastille
75012 Paris
Tél. : 01 43 40 72 72
www.artirec.fr
De bonnes affaires en parquets
et carrelages.

Boulenger
28, rue Marx Dormoy
75018 Paris
Tél. : 01 40 38 69 50 /
0825 88 5887
www.boulenger.fr
Grand choix de sols coulés.

Carocim
1515, route du
Puy-Sainte-Réparade
13089 Aix-en-Provence
Tél : 04 42 92 20 39
www.carocim.com
Des carreaux de ciment à motifs
traditionnels ou actuels.

Carré
91, quai de Valmy
75010 Paris
Tél. : 01 46 07 03 26
Carrelages en faïence
et céramique.

Carrelages du Marais
46, rue Vieille-du-Temple
75004 Paris
Tél. : 01 42 78 17 43
Terres cuites, faïences, émaux cloisonnés, créations personnalisées.

Carrelages des Suds
24, boulevard Saint-Germain
75005 Paris
Tél. : 01 40 51 01 01
www.carrelages-des-suds.com
Terres cuites du Maroc, de
Florence, des Pyrénées.

Championnet Carrelages
12, villa Championnet
75018 Paris
Tél. : 01 53 06 80 90
www.championnetcarrelages.com

Cimenterie de la Tour
23, avenue de la Mosson
34880 Lavérune
Tél. : 04 67 07 50 55
www.cimenterie-de-la-tour.com
Carreaux de ciment unis, à motifs ethniques ou dessins d'artistes, carreaux de terre cuite et pierre naturelle, et aussi sol en béton coloré coulé.

Desvres
Tél. : 03 27 69 14 62
www.desvres.com
Fondée en 1863, en plus de ses modèles d'époque, cette société crée chaque année de nouveaux modèles en faïence, grès cérame, verre…

Émery & Cie
18, passage de la Main d'Or
75011 Paris
Tél. : 01 44 87 02 02
www.emeryetcie.com
De superbes carrelages créés par la décoratrice Agnès Emery.

Josse
243, rue de la Croix-Nivert
75015 Paris
Tél. : 01 48 28 95 19
www.jossefrance.fr
Société bretonne spécialiste de la terre cuite unie, émaillée, à motifs…

Porcelanosa
Tél. : 01 69 75 40 40
www.porcelanosa.com

Les Rairies Montrieux
Viaduc des Arts
113, avenue Daumesnil
75012 Paris
Tél. : 01 53 02 49 00
www.rairies.com
Carreaux de terre cuite artisanaux unis ou à motifs.

Raboni
45, boulevard Henri-IV
75004 Paris
Tél. : 01 42 74 15 55

S'tiles
87-89, quai Panhard-Levassor
75013 Paris
Tél. : 01 53 61 40 90
www.stiles.fr

Surface
43, rue de Verneuil
75007 Paris
Tél. : 01 42 60 35 90
www.surface.fr

BÉTON ET MATÉRIAUX INNOVANTS

B-ton Design
Tél. : 01 45 56 13 33
www.btondesign.com
Show-room sur rendez-vous : 38, rue Fabert - 75007 Paris.
Réalisations en béton : sols, plans de travail, éviers…

Corian®
Tél. : 0800 91 72 72
www.corian.fr
Un matériau composite étonnant créé par DuPont.

Mon Beau Béton
www.monbeaubeton.com

PARQUETS ET REVÊTEMENTS VINYLES

Le Bois Français
Tél. : 01 46 72 14 06
www.boisfrancais.com

Décorasol
Tél. : 01 47 00 49 75 / 01 43 48 34 81
www.decorasol.fr

Egger Floor Product France
Tél. : 02 47 70 12 50
www.egger-efp.com

Forbo Sarlino
Tél. : 03 26 77 30 30
www.sarlinoforbo.com

Gerflor
www.gerflor.com

Saint-Maclou
www.saintmaclou.com

Tarkett (Sommer)
Tél. : 01 41 20 42 49 / 0820 320 419
www.tarkett-batiment.fr

PANNEAUX DÉCORATIFS

Polirey
Tél. : 01 39 45 67 01

▶ÉLECTROMÉNAGER (FABRICANTS)

AEG Electrolux
www.aeg-electrolux.fr

Aga
11, rue du Bac
75007 Paris
Tél. : 01 42 61 19 01 / 01 34 48 52 77
www.agafrance.fr
Des cuisinières légendaires.

Ariston
www.ariston.com

Arthur Martin Electrolux
www.electrolux.fr

Beko
www.beko.fr

Bosch
www.bosch.fr

Brandt
www.brandt.com

De Dietrich
www.dedietrich.com

Fagor
www.fagorbrandt.com

Falcon
Tél. : 01 34 48 36 34
www.falconfrance.com
Pianos de cuisson depuis 1830.

Gaggenau
7, rue de Tilsitt
75017 Paris
Tél. : 01 58 05 20 20
www.2.gaggenau.com

Godin
www.godin.fr
Ces cuisinières réputées depuis 1840 se déclinent désormais aussi en couleur.

Gorenje
www.gorenje.fr
Entre autres, des réfrigérateurs à angles arrondis…

Lacanche
Tél. : 03 80 90 35 00
www.lacanche.com
Pianos de type professionnel.

La Cornue
Tél. : 01 34 48 36 36
www.lacornue.com

Leicht
Tél. : 01 34 67 53 82
www.leicht.de

Liebherr
www.liebherr.com

Miele
www.miele.fr

Molteni
Tél. : 04 75 23 05 00
www.molteni-france.com

Neff
Tél. : 01 49 48 32 10
www.neff.co.uk

Rosières
www.rosieres.com

Samsung
www.samsung.fr

Scholtes
www.scholtes.fr

Siemens
www.siemens.fr

Smeg
www.smeg.fr

Viking
Tél. : 03 88 33 80 33
www.viking-europe.com
Cuisinières jusqu'à 122 cm, tables de cuisson à 6 foyers, tiroirs étuve...

Whirlpool
www.whirlpool.com

► ACCESSOIRES ET PETIT EQUIPEMENT

Alice Délice
5, rue Esquermoise
59000 Lille
Tél. : 03 20 10 01 83
www.alicedelice.com
Plusieurs magasins en France.

Brabantia
www.brabantia.com
De belles poubelles simples ou à tri sélectif.

Cuisin'Store
www.cuisinstore.com
Site internet spécialisé proposant plus de 3000 références au meilleur prix.

Culinarion
99, rue de Rennes
75006 Paris
Tél. 01 42 27 63 32
www.culinarion.com
Plusieurs magasins en France.

Du Bruit dans la cuisine
Centre Cial Régional
94000 Créteil
Tél. : 01 49 80 49 24
Plusieurs magasins en France.

Geneviève Lethu
www.genevievelethu.com
Accessoires pour la cuisine.
Magasins dans toute la France.

Kitchen Bazaar
11, avenue du Maine
75015 Paris
Tél. : 01 42 22 91 17
www.kitchenbazaar.fr
Accessoires pour la cuisine
Plusieurs magasins en France.

Kitchen Factory
www.kitchenfactory.fr
Accessoires pour la cuisine.
Plusieurs magasins en France.

Mathon
Zone Industrielle La Gloriette
38160 Saint-Marcellin
Tél. : 0892 391 300
www.mathon.fr
Spécialiste des articles de cuisine ; vente à distance.

Le Meilleur du chef
www.meilleurduchef.com
Des centaines d'ustensiles.

Kookit
25, cours Lafayette
69006 Lyon
Tél. : 04 26 10 06 40
www.kookit.com
Accessoires, racks à verres, dessertes, luminaires...

MEUBLES DE MÉTIER

Maison Strosser
85, avenue Ledru-Rollin
75012 Paris
Tél. : 01 43 43 28 76
www.maisonstrosser.com
Meubles de métiers, billots...

PETIT ÉLECTROMÉNAGER (FABRICANTS)

Magimix
www.magimix.fr

Kenwood
www.kenwoodworld.com

KitchenAid
www.kitchenaid.fr

Moulinex
www.moulinex.fr

Seb
www.groupeseb.com

► LUMINAIRES

Le Bazar de l'électricité
34, boulevard Henri-IV
75004 Paris
Tél. :01 48 87 16 76
Tous les styles et tout ce qu'il faut pour monter sa lampe.

Artémide
52 avenue Daumesnil
75012 Paris
Tél. : 01 43 44 44 44
Lampes de grands designers.

Electrorama
11, boulevard Saint-Germain
75005 Paris
Tél. : 01 40 06 78 10
www.electrorama.fr

Épi Luminaires
30/34, cours de Vincennes
75012 Paris
Tél. : 01 43 46 11 3
www.epiluminaires.fr

Espace Lumière
17, rue des Lombards
75004 Paris
Tél. : 01 42 77 47 71
www.espace-lumiere.fr
Une large sélection de luminaires d'esprit contemporain.

Keria luminaires
Un large choix de luminaires, pour tous les styles et à des prix compétitifs.
www.keria.fr
Points de vente dans toute la France.

REMERCIEMENTS

Natacha Alexandre, Patrick Ballan, Juliette et Pierre Berger, Gilles Berger, Claude Bonnin, Jacques Boy, Hélianthe et Patrick Cabaroc, Brigitte et Maurice Chalom, Gabriel Debi-Schwebel, Brigitte et Christophe Delpech, Aude d'Ortho et Lionel Desneux, Judith Dessons, Valérie Flamand, Éléonore Gerbier, Isabelle Gonnet, Audrey Kerdoncuff, Christina Zonca, La Guérandière (www.guerande.fr), Philippe Leray, Sophie Lévitte, Sandrine Lhairaud et Stéphane Claret, Jean-Philippe Madier, Virginie et Bruno Martin, Olivier Perrot, Dominique Pidance et Alain Le Bahl (architectes), Karine Quédreux, Marie-Liesse Richard, Josée Valzer et Bruno Renaudat, Safée-Dléfée (www.safee-dlefee.com), Alain Scazzola, Franck et Cécile Schmitt, Jerry Schael (architecte), Isabelle Lafuma et Thierry Scharf, Freddy et Cathy Tavard, Geneviève Thomas et Guillaume Dubois, Armelle Vannier.

Direction éditoriale : Christophe Savouré
Édition : Agnès Busière
Direction de création : Laurent Quellet
Direction artistique et conception graphique : Julie Pauwels
Mise en pages : Julie Décultot
Illustrations : Virginie Jacot
Plans : Guillaume Maillet et Virginie Jacot
Fabrication : Thierry Dubus, Aurélie Lacombe et Florence Bellot

Photogravure Point-4, Paris
Achevé d'imprimer en août 2007 sur les presses
de l'imprimerie Graficas Estella (Espagne)
n° d'édition : 93921
Dépôt légal : septembre 2007
ISBN : 978-2-215-09366-4